Hendrik Normann

KREISGEDANKEN

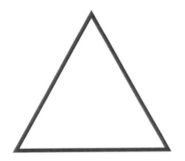

© 2012 Hendrik Normann
Herstellung und Verlag: BoD – Books on Demand
Umschlaggestaltung, Satz und Layout: Dirk Petersen
ISBN 9783848214983
Bibliografische Information der Deutschen Nationalbibliothek
Die Deutsche Nationalbibliothek verzeichnet diese
Publikation in der Deutschen Nationalbibliografie;
detaillierte bibliografische Daten sind im Internet
über dnb.d-nb.de abrufbar.

Inhalt

www.weg-arbeit.de

Vorwort

Am Anfang war das Wort - und davor das Vorwort.

Während vieler zurückliegender Jahrhunderte und Jahrtausende war das Wissen um die höheren Wahrheiten verborgen unter einem Schleier, den die wenigen Wissenden gewirkt hatten, um sich und diese Wahrheiten vor profanen Blicken zu schützen. Nach schwierigen, schmerzhaften Wandlungen der letzten Jahrhunderte liegen heute alle verbalen, intellektuellen Informationen offen. Die heiligen Schriften vieler Zeiten und Religionen und Richtungen sind jedermann zugänglich. Doch die spirituelle Wahrheit ist nicht ungeschützt, denn einerseits verbirgt sie sich inmitten einer Fülle von Unwahrheiten und Teilwahrheiten, und andererseits verbirgt sie sich noch immer hinter der Tatsache, dass sie nicht mit der verbalen, intellektuellen Information identisch ist, sondern diese nur auf sie hindeutet.

Sicher können wir uns allein auf die Suche machen und sicher können wir uns einen Lehrer oder Meister aussuchen, aber die Gefahr ist groß, dass wir uns das aussuchen, was uns leicht eingeht und in den Kram passt. Dann kitzeln wir nur unseren Intellekt und unsere Emotionen und benutzen beide auf die herkömmliche Weise, ohne eingefahrene Muster zu überwinden. Denn in Wirklichkeit geht es um zwei Punkte. Erstens müssen wir richtiges Denken und Fühlen erst einmal lernen und zweitens geht es gar nicht um Denken und Fühlen, sondern darum, beides gleichsam durchscheinend zu machen, damit dahinter Höheres sichtbar wird. Und, so unbequem es auch ist, es mag dafür zwar Wegweiser und mitteilungsfreudige, erfahrenere Wanderer geben – niemanden jedoch, der einen ans Ziel trägt.

Wenn wir uns umschauen, müssen wir erkennen, dass wir in

einer Welt begrenzter Ressourcen leben. Dort immer unbegrenztere Konsumbedürfnisse befriedigen zu wollen erzeugt einen Lebensstil mit katastrophalen ökologischen und sozialen Folgen. Der Konsumglaube und die maßlose Habsucht, die immer mehr um sich greifen und denen auf der anderen Seite zunehmende Einengung und Unfreiheit gegenüberstehen, lassen mehr und mehr Menschen erkennen, dass Haben und Sein nicht identisch sind. Die daraus erwachsende Suche nach Befreiung ist immer die Suche nach dem eigenen Selbst, nach Identität, die nur durch Haben allein nicht gefunden werden kann.

Doch auch viele Suchende sind dabei noch dem Irrtum verfallen, der aus dem Konsumismus resultiert. Sie glauben, dass sie ihre befreite Identität einfach kaufen könnten. Dabei sind sie teilweise zu erstaunlichen Opfern bereit. Das eigentlich zu bringende Opfer ist aber das Überwinden der Fixierung auf die Alltagspersönlichkeit. Diese Alltagspersönlichkeit ist es, die mit ihren eigenen Auffassungen nicht nur als Opfer der gesellschaftlichen Verhältnisse, sondern auch als Mit-Verursacher dieser Verhältnisse der wahren Befreiung und Identitätsfindung im Wege steht.

Die Weg-Arbeit oder Psychopraktik, die in diesem Buch in vielen Aspekten angedacht, untersucht und beschrieben wird, trägt dazu bei, die fehlerhaften Aspekte des Selbstverständnisses der Persönlichkeit aufzuspüren und zu verwandeln, damit der Suchende schließlich in die Lage versetzt wird, selber frei und schöpferisch seine Identität zu erfahren und zu gestalten. Die größte Freiheit ist die Freiheit von sich selbst.

Im Zusammenhang mit der Weg-Arbeit wird verschiedentlich von „Spiritualität" gesprochen. Gemeinhin sehen viele sie als eine Form von Religiosität. Wir betrachten den Zusammenhang zwischen Religion und Spiritualität als nicht besonders eng. Auf der einen Seite ergibt sie sich aus einem besonders tiefen, innigen Suchen nach dem eigentlichen Sinn einer Religion.

Auf der anderen Seite ist die Spiritualität, die sich aus dieser innigen Suche ergibt, unabhängig von der untersuchten Religion. Sie ist der innere Gehalt aller Religionen.

Man kann sogar behaupten, dass man auf eine nicht-religiöse Weise ein durchaus hochspiritueller Mensch sein kann. Damit sind die Religionen allerdings nicht überflüssig, denn sie weisen auf höhere Wahrheiten hin und bilden den kulturellen Kontext, vor dem für viele die Suche nach ihnen stattfindet. Es gibt aber auch eine spirituelle Praxis, die mehr oder weniger ohne den Weg über die Religionen zur Erfahrung dieser Wahrheiten anleitet. Die Weg-Arbeit will den kulturellen Kontext nicht unbeachtet lassen – lädt aber zum Vergleich, zur Bewertung und zur eigenen Entscheidung ein.

Die Suche nach „Erleuchtung" ist weltweit und zu allen Zeiten bekannt gewesen. Es wurden und werden große Anstrengungen unternommen, um sie zu erlangen. Manches wurde und wird erreicht, ebenso manches verfehlt. Viele Informationen stehen heute zur Verfügung, aber einige naheliegende Details werden dabei zu wenig beachtet.

Auf diese möchten wir vorab hinweisen und jene Menschen ansprechen, die mit den hier genannten Tatsachen etwas anfangen können - und zwar im ganzen, höchsten Sinne des Wortes. Manche Punkte mögen banal erscheinen. Auf der reinen Informationsebene sind einige Punkte tatsächlich banal. Der Fehler liegt darin, dass wir diese Informationen nicht wirklich auf uns selber beziehen. Wir lassen sie sozusagen auf der Informationsebene und sagen: *„Ja, ich weiß."* Und damit haken wir sie ab...

Die wichtigsten Punkte sind:
-Erleuchtung lässt sich definieren, erklären und erlangen
-Persönlichkeitsaspekte können untersucht und erkannt werden
-eine umsetzbare spirituelle Praxis kann definiert werden
-spiritueller Austausch sollte ermöglicht werden

Es gibt nicht eine Erleuchtung, sondern mindestens zwei[1]. Gemeinhin meint man, es gäbe ganz normale Leute, und mit einiger Anstrengung könne sich irgendein solcher normaler Mensch in einen Erleuchteten verwandeln und damit ein quasi-göttliches Wesen werden. Tut uns leid - das ist zu stark vereinfacht. Zwar kann (und wird) jeder Mensch solch ein quasi-göttliches Wesen werden, aber zwischen dem Jetztzustand und dem erwünschten Endzustand liegt eine unnennbar lange Entwicklungsspanne. Es ist wirklich nicht klar, ob im Einzelfall 30 Jahre oder 30.000 Lebzeiten dazwischen liegen. Klar ist aber, dass wir eine kontinuierliche Entwicklung zurücklegen müssen, die bestimmte Entwicklungsnotwendigkeiten beinhaltet. Es gibt keinen einfachen, leichten Weg zur Erleuchtung. Trotzdem lassen sich mit einiger Bemühung und Konsequenz ganz erstaunliche Fortschritte erzielen.

Was aber sind die zwei Erleuchtungen, die wir hier als für Erdenmenschen auf unserem Entwicklungsniveau bedeutungsvoll und erreichbar betrachten? Die erste Erleuchtung - und da werden sicher viele staunen - ist das Erwachen als Alltagspersönlichkeit. Sehr viele Menschen sind, außer in bestimmten, individuell unterschiedlichen Momenten, nicht als Alltagspersönlichkeiten (Egos) wach. Sie sind gefangen in scheinbar äußeren Lebensumständen, in bestimmten, ihrer Persönlichkeitsstruktur entsprechenden Gefühls- und Gedankenformen, in einer tierhaften und triebhaften Physis.

Die Erkenntnis, dass wir im Rahmen unseres Egos frei sind, dass wir nicht Gefangene eines äußeren Schicksals sind, kann ein ungeheuer beglückendes Erlebnis sein. Sobald dieser Zustand dauerhaft vorherrscht oder willentlich hervorgerufen werden kann, sehen wir die erste Erleuchtung als erlangt. Der Prozess ist aber damit noch nicht abgeschlossen und es gibt noch viel Entwicklungsspielraum. Um ein Bild zu benutzen: Der auf dieser Stufe „Erleuchtete" ist wie jemand, der gelernt hat zu schwimmen.

[1] dazu siehe auch die Betrachtung „Die zwei Erleuchtungen"

Er kann schwimmen, aber er beherrscht noch nicht verschiedene Schwimmstile und kann noch nicht besonders schnell, weit oder lange schwimmen. Jedoch kann er schwimmen - das unterscheidet ihn fundamental vom Nichtschwimmer!

Die zweite Erleuchtung kommt der verbreiteten Vorstellung von Erleuchtung näher. Es handelt sich hier um die Überwindung der Alltagspersönlichkeit, des Egos, als vorherrschendem, bewusstseinsvermittelndem Konstrukt zugunsten des höheren Selbstes. Je nach kulturellem Hintergrund auch Jesus-Selbst, Buddha-Natur, Atman oder oder oder genannt. Es bedeutet das Frei-Werden von sich selbst, von den einengenden Grenzen der Alltagspersönlichkeit.

Dieser Zustand ist noch viel beglückender und Menschen, die ihn erreichen strahlen für viele wahrnehmbar etwas Besonderes aus. Ein Leuchten, eine Vertrautheit, eine Sympathie, die schwer in Worte zu fassen ist. Dieses „Besondere" wächst immer weiter, denn auch hier muss man an das Bild mit dem Schwimmer denken - der Prozess ist mit dem Eintritt in die zweite Erleuchtung nicht abgeschlossen. In Wirklichkeit beginnt die Arbeit erst, denn es werden durch den Eintritt Bedingungen geschaffen, die eine im Vergleich zu vorher unglaubliche Entwicklungsbeschleunigung ermöglichen.

Die menschliche Persönlichkeit ist komplexer zusammengesetzt als wir üblicherweise annehmen. Materialisten meinen, wir hätten einen Körper plus Gefühle und Verstand - wobei die ganz Harten Gefühl und Verstand auch noch als elektrochemische Reaktionen des Körpers begreifen. Schwärmerischer veranlagte Menschen sprechen von Körper und Seele und meinen mit Seele dann ebenfalls Gefühl und Verstand als eine vermischte, dem Körper innewohnende Qualität, die nach dem Tode fortbesteht. Manche Leute kennen dann auch noch den „inneren Schweinehund" oder betrachten es mehr mit Goethes Faust:

„Zwei Seelen wohnen, ach! in meiner Brust,
Die eine will sich von der andern trennen;
Die eine hält, in derber Liebeslust,
Sich an die Welt mit klammernden Organen;
Die andere hebt gewaltsam sich vom Dust (Staub)
Zu den Gefilden hoher Ahnen."

Damit nähern wir uns schon einer praktikablen Arbeitshypothese (vielfach auch Wahrheit genannt). Wir **haben** einen Körper, **haben** Gefühle und **haben** bestimmte Gedanken im Kopf. Was aber **sind** wir? Wir **sind** unser höheres Selbst! Goethe sah es als positiv motivierte Seele neben einer negativ motivierten in seiner Brust, bzw. in der von Faust. Eher ist es aber so, dass es eine hierarchische Beziehung gibt. Aus dem Staub empor zieht einen das höhere Selbst, das auch nach dem Tode Bestand hat. Die zweite „Seele" ist ein Konstrukt aus Gedanken und Gefühlen, welches im vollständig unerwachten Zustand ganz den körperlichen, animalischen Notwendigkeiten dient.

Diese verschiedenen Ebenen und Bereiche zu untersuchen ist Teil aller spirituellen Arbeit. Ohne sie ist dauerhaft kein wirklicher Fortschritt zu erreichen. Sicher ist eine Übergangsphase der Orientierung und des Lernens normal und verständlich, aber wenn man nicht nach einiger Zeit zum regelmäßigen Üben kommt, ist entweder das System falsch, in dem man arbeitet - oder die Bemühung ist nicht echt.

Relativ eng zu fassen ist neben der gerade beschriebenen Selbst-Analyse die tägliche Innenschau. Dabei wird abends vor dem Schlafengehen der Tagesablauf „überflogen" und die intensiv erinnerten Erlebnisse werden näher betrachtet. Wir stellen uns die Frage, ob und wie wir uns in bestimmten Situationen anders oder besser hätten verhalten können. Wir betrachten nicht nur das Tun, sondern auch das Sprechen, Fühlen und Denken.

Durch den zeitlichen Abstand sind wir meistens mit den Situationen nicht mehr emotional verwoben und können zu klareren Erkenntnissen kommen, als sie uns im Moment des Geschehens möglich waren. So lernen wir nach und nach, unser Verhalten und Fehlverhalten zu erkennen, zu verstehen und tatsächlich zu modifizieren.

Weiter zu fassen sind die täglichen Meditationsübungen. Es gibt eine Vielzahl von sinnvollen Übungen, die je nach persönlichem Temperament besser oder schwerer zu vollziehen sind. Dabei ist eine gewisse Stetigkeit zu wahren. Es sollte nicht täglich etwas anderes praktiziert werden. Außerdem gilt die Regel, dass gerade jene Übungen sich lohnen, mit denen man sich schwer tut - man darf aber auch mal die Übungen genießen, die einem leicht von der Hand gehen. Eine recht empfehlenswerte Übung ist die „Spinale Psychopraktik" (siehe „Psychopraktik Wirbelsäule – eine Übung). Ebenso nützlich sind Konzentrationsübungen und Übungen, bei denen man sich durch Loslassen nach und nach vom Körper, von Emotionen und vom Gedanken distanziert und dadurch in das höhere Selbst hineinwächst - oder anders herum: dadurch langsam das höhere Selbst in die Alltagspersönlichkeit hineinsickern lässt. (siehe „Über Meditation")

Ebenso wichtig ist der Erfahrungsaustausch mit anderen Praktizierenden und die regelmäßige gemeinsame Praxis mit ihnen. Ohne diesen Bestandteil der Übung läuft man einerseits Gefahr, sich festzufahren, einfache Fehler zu übersehen und nicht über die eigene Erfahrung hinaus inspiriert zu werden und andererseits hat man keine Gelegenheit, andere von seinen eigenen Erfahrungen profitieren zu lassen. Darüber hinaus entstehen keine wünschenswerten karmischen Verbindungen, denn welche Verbindungen könnten erstrebenswerter sein als die, die einem fortwährend ein suchendes Umfeld erhalten?

Einleitung

Auf spirituelles Wissen bezogen kann man die Menschen in drei Kategorien einteilen. Die religiös Desinteressierten, die am eigenen „seelischen" Wohlbefinden Interessierten und die, die ernsthaft suchen – auch wenn es weh tut (was übrigens nur selten wirklich der Fall ist).[2] Diese drei Schubladen machen aber die Sache einfacher, als sie tatsächlich ist. Die Übergänge werden außer Acht gelassen. In Wirklichkeit ist es so, wie bei den Übergängen von Eis zu Wasser zu Dampf. Die reinen Aggregatzustände sind im Vergleich zu allen Übergangsstufen, bei denen mindestens zwei Zustände gleichzeitig existieren, höchst selten. Bei einem Eisstück in einer heißen Pfanne werden sogar schon Teile zu Dampf, bevor das ganze Eis geschmolzen ist... Darüber hinaus lässt sich in keiner Weise voraussagen, welche Teile eines Eisstückes zuerst schmelzen, wenn alle Eisstücke individuell geformt, unterschiedlich groß und verschieden vielen und verschieden gearteten Wärmequellen ausgesetzt sind. So gesehen ist es schwer zu sagen, an wen genau sich diese Sammlung von Betrachtungen wendet. Versuchen wir es so: Sie richtet sich an jene, bei denen Dampf zumindest schon vorkommt und deren Anliegen es ist, die Menge an Dampf zu erhöhen.

Was aber sind Betrachtungen? In den uns bekannten Gruppen der spirituellen Gemeinschaft werden sie zu Schulungszwecken eingesetzt. Sie stellen einen Aspekt der Kontemplation dar und dienen der Steigerung der Erkenntnisfähigkeit und der Vertiefung der Erkenntnis. Der Schüler wird angehalten, sich folgendermaßen zu verhalten: „Als erstes versuche innerlich zur Ruhe zu kommen und Alltagspersönlichkeitsaspekte so weit wie möglich loszulassen. Danach wende dich einem vorher gewählten Thema zu und versuche es zu „überschauen", es in seinen Aspekten und

---

[2] In den nachfolgenden Betrachtungen setzen sich zum Beispiel „Hyliker, Psychiker und Pneumatiker" und „Tote, Schläfer und Erwachte" mit der gleichen Unterteilung auseinander.

Verästelungen zu verstehen. Auch emotionale und intellektuelle Annäherung ist legitim, sollte aber nicht das Hauptgewicht ausmachen. Sobald sich ein Bild eingestellt hat, bleibe dabei und erkenne das Wirken der göttlichen Gesetze darin. Freue dich am So-Sein des Sachverhaltes ohne dabei zu vergessen, dass das Bild randoffen ist – also nur einen Ausschnitt aus einem höheren Kontext darstellt. Zuletzt versuche deine Erkenntnis schriftlich zu formulieren. Schreibe möglichst nicht mehr als zwei Schreibmaschinenseiten, beschränke dich auf das Wesentliche, lasse Fragen offen, die den Leser anregen, selber zu kontemplieren. Lege dann das Ergebnis einem verständigen Lehrenden vor."

Und wie sollte der Leser mit Betrachtungen umgehen? Er sollte versuchen, dem Faden zu folgen, sich inspirieren zu lassen und über das Gelesene hinausgehen. Weder die einzelnen Aussagen sind bis in den letzten Winkel ausformuliert, noch das gesamte Thema der Betrachtung. Die Informationsdichte bei Betrachtungen ist gerade dadurch groß, dass bestimmte Dinge durch **Weglassen** für den Leser erkennbar werden. Dies ist kein Mangel sondern ein bewusst offengelassener Zugang zur Freiheit. Der Leser soll diese Lücken finden und füllen. Er soll die Betrachtung als Basis für einen weiter reichenden Sprung nutzen. Er soll sich nicht durch Theorien einengen, sondern seinen Horizont erweitern und vor allem alles an sich selbst messen, das Erfolgversprechende ausprobieren und das Gewinnbringende umsetzen.

Erklärungen

Liebe

Die zu hassen, die einen lieben ist dämonisch.
Die zu lieben, die einen lieben ist menschliche Liebe.
Und alle gleich zu lieben – sogar die,
die einen hassen - ist göttliche Liebe.
(frei nach Stylianos Atteshlis)

Ferner soll Herr Atteshlis gesagt haben, er selber liebe alle gleich, aber manche mehr. Das kommt einem auf den ersten Blick widersprüchlich vor. Ist es aber nicht, wenn wir etwas nachdenken. Stellen wir uns beispielsweise eine Situation vor, in der er völlig gleichwertig und gleich sicher einem von zwei Menschen das Leben retten könnte. Einer davon wäre sein Enkel und der andere ein Junge, der in allen Attributen seinem Enkel gliche – also gleich alt, gleich gesund, gleich intelligent usw. wäre. Er würde seinem Enkel das Leben retten! Könnte er hingegen beiden Jungen unabhängig voneinander das Leben retten, würde er keine Unterschiede machen und alles ihm Mögliche zur Rettung beider unternehmen. Die Aussage von Herrn Atteshlis soll uns wohl vor allem Mut machen und zeigen, dass wir bei der Verwirklichung göttlicher Liebe keinesfalls unserer Menschlichkeit verlustig gehen.

Schauen wir aber etwas genauer auf die „menschliche Liebe". Können wir sie eigentlich mit ruhigem Gewissen Liebe nennen? Wenn sie bedeutet, die zu lieben, die einen lieben, bedeutet dies wohl gleichzeitig, dass wir jene, denen wir gleichgültig oder gar verhasst sind, zumindest **nicht** lieben. Kennt ihr die Tankstellen, die einen Service-Mann haben? Der einem für einen Euro die Windschutzscheibe reinigt und den Ölstand prüft? Man wird die Beziehung zwischen dem Autofahrer und dem Service-Mann wohl nicht Liebesbeziehung nennen wollen. Könnte man aber eigentlich, denn der Fahrer gibt einen Euro und der Service-Mann macht dafür dies und das. Eine Leistungs-Gegenleistungs-Beziehung.

Bei der menschlichen Liebe mag man einen anderen Menschen – meist aufgrund irgendwelcher Äußerlichkeiten[3] oder Wesens-züge, die dem persönlichen Geschmack entsprechen. Man will ihn haben. Idealerweise sieht die andere Person dies umgekehrt genauso. Aus der Äußerlichkeit und den Wesenszügen ergibt sich ein Gesamtbild in Verbindung mit erwünschtem Verhalten, das beiden Partnern wechselseitig angenehm ist. Sobald einer der Be-teiligten den Eindruck gewinnt, er müsse mehr „tun" oder „in-vestieren" als er selber im Gegenzug erhalte, gerät die „Liebe" aus dem Gleichgewicht. Dann gewinnen andere Aspekte in der Beziehung an Bedeutung, die selbst mit menschlicher Liebe im-mer weniger zu tun haben. Mangel wird mit Entzug beantwor-tet. Gleichgültigkeit wächst. Dann schlaucht man sich entweder durch Jahre und Jahrzehnte einer Beziehung, von der schließlich der Tod erlöst, oder einer der Partner beendet die Beziehung. Dies kann der mit der schlechteren Bilanz oder der mit dem niedrige-ren Leidensdruck sein. Vielleicht auch der, der Alternativen hat oder einfach sprunghafter ist – was auch immer. Beim Verlas-senden hat die Gleichgültigkeit – wenn nicht im Extremfall Hass – die Liebe ersetzt. Beim Verlassenen wird aus Liebe leidendes Anhaften, mit Glück auch Gleichgültigkeit oder bedauerlicher-weise ebenfalls Hass.

Zugegeben, das ist stark vereinfacht dargestellt und kann im Einzelnen sehr unterschiedlich ablaufen, aber das Ende stellt den Anfang auf eine recht peinliche Weise in Frage. Hat man keiner-lei Menschenkenntnis? Wie konnte man **den** Menschen lieben? Ist man so ein oberflächlich gegenleistungsorientierter Arsch? Ist man Service-Mann oder Autofahrer gewesen? Welche Rolle

---

[3] Körperbau, Sozialstatus, Besitz etc.

hat denn „Liebe" überhaupt gespielt? War sie in einer Gegenleistungsbeziehung gar nötig oder überhaupt vorhanden? War es ein Teil der Gegenleistungen, sich gegenseitig Liebe vorzuspiegeln, weil jeder das Bedürfnis hat, geliebt zu werden? Welche Vorteile erhoffen wir denn überhaupt, wenn wir geliebt werden? Abhängigkeit des Anderen? Sicherheit, die daraus resultiert?

Wie kann es sein, dass wir eigentlich lieber geliebt werden wollen als zu lieben? Woher diese Angst zu kurz zu kommen? Vielleicht sollten wir weniger daran arbeiten, andere dazu zu bringen uns zu lieben, aber mehr daran, selber (göttlich) zu lieben. Vielleicht sollten wir einmal versuchen, göttliche Liebe zu leben? Das schließt Partnerschaft ja überhaupt nicht aus... Wir können uns bewusst für einen Partner entscheiden und versuchen ihn bedingungslos zu lieben.[4] Wie können wir diesen inneren Reichtum, der mit loslassender, freiheitsschenkender und bedingungsloser Liebe in uns erblühen kann, auch nur entfernt dagegen tauschen wollen, geliebt zu **werden** – aber dafür innerlich arm, berechnend, pingelig und kleinlich zu bleiben?

Die Liebe ist langmütig, die Liebe ist gütig, sie neidet nicht,
die Liebe tut nicht groß, sie bläht sich nicht auf,
sie benimmt sich nicht unanständig,
sie sucht nicht das Ihre, sie lässt sich nicht erbittern,
sie rechnet Böses nicht zu,
sie freut sich nicht über die Ungerechtigkeit;
sondern sie freut sich mit der Wahrheit,
sie erträgt alles, sie glaubt alles, sie hofft alles, sie erduldet alles.
Die Liebe vergeht niemals;
seien es aber Weissagungen, sie werden weggetan werden;
seien es Sprachen, sie werden aufhören;
sei es Erkenntnis, sie wird weggetan werden.
(1. Korinther 13, 4-8, rev. Elberfelder)

[4] Und hier jetzt nicht wieder dem hinderlichen Hundertprozentigkeitswahn verfallen. Von bedingter „Liebe" zur bedingungslosen Liebe ist es ein weiter Weg und kostet viel Übung. Aber gerade dafür sind ja unsere Nächsten da.

Eine graduelle Verbesserung ist immer etwas, was gefeiert werden muss und gleichzeitig Ansporn für weiteres.

Und was bedeutet der letzte Teil? Die Liebe vergeht nicht? Aber Weissagungen, Sprachen und Erkenntnis werden weggetan? Weissagungen sind Zeiterscheinungen und verändern sich den jeweiligen zeitlichen Umständen entsprechend. Sprachen und (intellektuelle) Erkenntnisse sind Alltagspersönlichkeitsaspekte und damit vergänglich. Was wir aber innerhalb der Alltagspersönlichkeit an göttlicher Liebe verwirklichen, vergeht auf unserem weiteren Weg durch die Welten der Trennung niemals. Sie ist ein Wesenszug des höheren Selbstes und Gottes und damit ist es gerade Teil unserer Aufgabe zu lernen, diese Wesenszüge in den Trennungswelten auf die rechte Weise zu offenbaren.

Und das heißt: Nichts wird **mehr** unterstützt, **mehr** durch Freude belohnt, **mehr** karmisch gesegnet. Amen!

Persönlichkeitsebenen

Das Kreuz lässt sich als symbolische Darstellung der Einheit zweier
wesentlicher Aspekte der Ausrichtung begreifen.
Der eine ist die Frage: „Woher komme ich und wohin gehe ich?"
Der andere ist die Untersuchung der Ausdehnung der Persönlichkeit.
Die Antworten gleichen sich – nur dass wir
einmal zeitlich und einmal räumlich ansetzen. (Ludwig Kirchhofen)

Im Alltag der meisten Menschen spielen eigentlich nur zwei Persönlichkeitsebenen eine Rolle: Die Alltagspersönlichkeit im nicht bewussten Zustand und im bewussten Zustand. Leider muss man sagen, dass der nicht bewusste Zustand deutlich überwiegt. Große Teile des Tages verbringt ein erwachsener Mensch im Autopilot-Modus. Dies ist für die Alltagspersönlichkeit bequem und bietet Schutz vor aktiven Selbstmodifikationsversuchen, denn dafür muss man zumindest auf der Alltagspersönlichkeitsebene bewusst sein.

Das Unterbewusste stellt eine weitere, noch niedrigere Ebene dar. Im Gegensatz zum Nicht-Bewussten ist das Unterbewusste nicht - oder allenfalls an der Oberfläche - der direkten Betrachtung der bewussten Alltagspersönlichkeit zugänglich. Durch-Erforschung der Alltagspersönlichkeit werden aber Inhalte des Unterbewussten durch Rückschlüsse erkennbar und somit freigelegt. Erst dem fortgeschrittenen Suchenden werden schließlich Methoden anvertraut, mit denen ein Hinabsteigen in das Unterbewusste möglich wird.

Etwas kompliziert wird die Betrachtung der Bewusstseinszustände der Alltagspersönlichkeit durch die Tatsache, dass selbige aus drei Teilen besteht: grobstofflichem Körper, Gefühlskörper und Gedankenkörper. Wir können bei genauer Untersuchung nämlich erkennen, dass jeder dieser drei jeweils einen unterbewussten, einen nicht-bewussten und einen bewussten Bestandteil hat.

Nach oben hin schließt sich das höhere Selbst an die Alltagspersönlichkeit an. Es ist der eigentliche Sitz der Individualität und der unsterbliche Teil des Menschen. Das Erwachen auf dieser Ebene ist das Ziel aller spirituellen Wege. Gehindert werden die Menschen daran nur durch die selbst auferlegten Wahrnehmungsbeschränkungen und Verwechselungen, die einen uneingeschränkten Aufstieg von Ebene zu Ebene verhindern. Von der jeweils höheren Ebene gesehen erweisen sich die klaren Grenzen als Fiktion. Nur in Bezug auf das Unterbewusste gibt es eine zeitweise Beschränkung, die zu unserem Schutz dient.

Vom höheren Selbst nach oben geschaut erkennen wir wiederum eine Grenze. Es ist die Grenze, die unser höheres (wahres) Selbst von Gott trennt. Gott ist unsere eigentliche Wesensnatur und wir gleichen ihm qualitativ vollkommen – wenn auch nicht quantitativ. Manche Meister lehren noch einige Zwischenstufen zwischen dem höheren Selbst und Gott. Betrachten wir dies als möglich, aber als unserer direkten Untersuchung vorerst nicht zugänglich. Das Aufgehen des höheren Selbstes in Gott ohne Verlust der Individualität (Theose) ist das Endziel unseres Entwicklungsweges. Jedenfalls soweit wir es uns jetzt vorstellen können.

Das Ganze nochmal in einem einfachen Bild: Gott ist der Körper. Er streckt einen Arm (höheres Selbst) aus, um in den Welten der Trennung herumzutasten. Dazu schlüpft er in einen dreifachen Gummihandschuh (Alltagspersönlichkeit aus grobstofflichem, Gefühls- und Gedankenkörper). Der Handschuh hält sich für sein eigentliches Selbst und ist dabei noch unaufmerksam (nicht-bewusst). Darüber hinaus weiß er nichts über die Anzahl seiner Finger. Er denkt er hat drei – die anderen zwei stellen das Unterbewusste dar.

Wozu müssen wir das wissen? Um die beobachteten Vorgänge in uns richtig zuordnen zu können. Ohne diese Zuordnung können wir unsere Verwirrung nicht überwinden.

Christentum und Buddhismus

Christentum und Buddhismus erscheinen mir wie zwei Beine. Man kann sich zwar auf einem aufrecht halten, aber richtig fest steht man nur auf beiden. Man kann auf einem vorwärts hüpfen, aber richtig voranschreiten kann man nur mit beiden. (Clemens Satorius)

Die Religionen allgemein sind einerseits die Türen zur höheren Wahrheit der Spiritualität - andererseits haben sie aber auch die Tendenz, verschlossene Türen zu sein. Dies geschieht durch Dogmatisierungen von Glaubensinhalten, die dem Erkennen höherer Wahrheiten im Wege stehen. Die Gründe für diese Dogmatisierungen können vielfältig angelegt sein. Glaubensdisziplin, Disziplinierung der Gläubigen (was ein Unterschied ist) oder auch die Überzeugung, dass eine bestimmte Ausprägung richtig ist, ohne zu erkennen, dass die Voraussetzungen für richtig oder falsch an anderen Orten und zu anderen Zeiten anders sein können. Sind diese Dogmatisierungen erst einmal eingetreten, ist es nahezu unmöglich, diese wieder rückgängig zu machen – ganz gleich, welche logischen Verrenkungen nötig sind, um die negativen Konsequenzen entweder zu verdrängen oder hintenherum aufzuheben.

Ein gut bekanntes Beispiel ist die Verdrängung des Reinkarnationsgedankens aus dem Christentum. Durch diese Maßnahme wurde schon früh allen nach allen Seiten offenen Wahrheitsforschern die vorbehaltlose Mitgliedschaft in den Kirchen unmöglich gemacht. Bestimmte Fragen mussten von dem Moment an ausgeblendet werden oder durch vorgeblich „unerforschliche Ratschlüsse Gottes" beschönigt werden.

Ein vergleichbar früher Fehler des Buddhismus war die Dogmatisierung der Vorstellung, dass es keinerlei bleibende Persönlichkeit gäbe – ausgelöst durch die berechtigte Einsicht, dass die Alltagspersönlichkeit in beständigem Wandel begriffen ist und sich zudem aus verschiedenen Aspekten zusammensetzt. Schon im dritten vorchristlichen Jahrhundert gründete Vatsiputra in Indien eine „personalistische" buddhistische Schule, die Pudgalavadins (Pudgala = Person). Er versuchte so, der immer stärker werdenden Tendenz zur Verdrängung des Brahman-Atman-Prinzips bzw. der Vorstellungen vom höheren Selbst entgegenzuwirken. Von allen anderen Schulen als Häretiker bezeichnet, bildete sie noch tausend Jahre später die zahlenmäßig größte buddhistische Schule Indiens. Bedauerlicherweise missionierte sie nicht außerhalb ihres Subkontinentes und so verlosch diese Strömung mit dem Untergang des indischen Buddhismus, der sich bis Ende des 12. Jahrhunderts vollzog. Seitdem müssen sich die Buddhisten endgültig mit Aussagen wie: „Was wiedergeboren wird ist weder gleich noch nicht-gleich" oder: „Es gibt keine Person, aber das Bewusstsein bleibt" über innere Widersprüche der buddhistischen Wege hinweghelfen. Wozu sollte schließlich **ich** Erwachen anstreben, wenn gar kein Ich da ist? Wer erwacht denn dann? Wer wird belehrt? Wer wird denn wiedergeboren? Wer erntet das angehäufte Karma?

Das Christentum hat sich durch seine Hinwendung zur inneren Seele und zu Gott über die Niederungen der unerleuchteten Alltagspersönlichkeit erhoben, der Buddhismus durch unübertroffen detaillierte Untersuchung und Modifikation eben der Alltagspersönlichkeit. Beide kranken am wechselseitigen Ausschluss des jeweils anderen - wodurch sie letztlich als Religionen dastehen und nicht als spirituelle, wahrheitsforscherische Bewegungen. Türen zur Wahrheit! Aber nicht weit offen...

Person

Nach heute vorherrschender Meinung stammt das Wort „Person"
vom etruskischen Wort „phersu" für Maske ab. Andere – wenn auch
bekanntere Herleitungen – werden inzwischen angezweifelt.
Allerdings laufen auch diese anderen Herleitungen auf die Bedeutung
„Maske" hinaus. Die deutsche Sprache kennt den Begriff „Person"
etwa seit dem 13. Jahrhundert in der damaligen Bedeutung als
„Maske eines Schauspielers".

Höheres Selbst

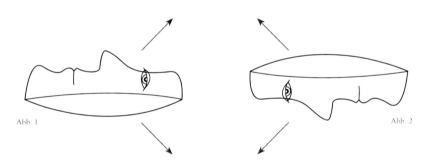

Abb. 1   Abb. 2

Animalische Ebene

Im theoretischen, gänzlich unveredelten Zustand befindet sich hinter der Alltagspersönlichkeit (Person) nichts weiter als die animalische Ebene. Sie dominiert die Person vollkommen und alle Prozesse in den drei Körpern dienen ausschließlich der Umsetzung der Impulse der animalischen Ebene. Gedanken und Gefühle rechtfertigen darüber hinaus alles Tun als richtig.

Warum „blickt" die Maske in der unveredelten Form zum höheren Selbst (Abb. 1)? Weil sich die Alltagspersönlichkeit erstens mit dem höheren Selbst verwechselt und weil sie zweitens nicht auf ihre Wurzeln in der animalischen Ebene blickt und diese verleugnet.

Warum blickt die Maske in der veredelten Form zur animalischen Ebene (Abb. 2)? Weil sie sich ihrer selbst als Ausdruck des höheren Selbstes in den Trennungswelten gewiss ist und die animalische Ebene nicht verleugnet. Sie lässt sich nicht durch die animalische Ebene dominieren, billigt ihr aber das Existenzrecht als Grundlage ihrer eigenen Existenz zu – unter Kontrolle durch das höhere Selbst.

Abb. 3

Die veredelte Idealform ist dann erreicht, wenn hinter der Alltagspersönlichkeit ausschließlich das höhere Selbst steht. Der Entwicklungsweg hin zu diesem Ideal lässt sich als zunehmende Drehung der Maske (Person) begreifen (Abb. 3).

Die animalische Ebene

„Was nicht steigt, sinkt!"

Ein wichtiger Begriff im Zusammenhang mit der Selbstanalyse in der Psychopraktik ist der Begriff der animalischen Ebene.
Obgleich ein Tier neben dem grobstofflichen Körper auch über
Emotionen verfügt, ist mit der animalischen Ebene nur der grobstoffliche Bereich gemeint. Hier sind Selbsterhaltung und Fortpflanzung physische Notwendigkeiten, die das Leben von der
toten Materie unterscheiden.

Freilich strahlt dieser Imperativ des Lebens schon beim Tier in den emotionalen Bereich, indem es beim Befolgen des Befehls „Überlebe und pflanze dich fort!" Wohlsein und Befriedigung empfindet. Das Tier wird sogar gerade durch diese Emotionen zum Befolgen des Befehls ermuntert.

Was unterscheidet den Menschen vom Tier? Zumindest nominell der Intellekt! Bei genauerer Beobachtung stellt sich aber heraus, dass der Intellekt sich meistens in den Dienst der Emotion stellt, die wiederum im Dienst der animalischen Ebene steht – wie wir gerade beim Tier gesehen haben. Wenn aber die animalische Ebene als Impulsgeber die höheren Ebenen dominiert, unterscheidet sich der Mensch dann wirklich vom Tier?

Der Intellekt muss sich also nach oben ausrichten – und nicht nach unten. Wir bezeichnen diese höhere Ebene als „Höheres Selbst". Mehr oder weniger deckungsgleich sind damit Begriffe wie Buddhanatur, Christusselbst, Über-ich, Atman oder ursprüngliches Angesicht (jap. honrai memmoku). Wichtig ist es, zu erkennen, dass es dem Intellekt aufgrund seiner linearen Ausrichtung unmöglich ist, sich in beide Richtungen gleichzeitig zu orientieren. Im unveredelten Zustand ist er auf die animalische Ebene hin orientiert, kann allerdings seine Orientierung wechseln. Und dies geschieht auch, denn durch innere Bewegung oder äußeren Impuls richtet er sich selbst immer mal wieder über sich selbst hinaus nach oben aus. Nur fällt er gewöhnlich schnell wieder zurück.

Diese Fluktuation ist der Alltagspersönlichkeit normalerweise nicht bewusst. Daher kann es sein, dass ein Mensch, der kurzfristige Ausrichtung auf sein höheres Selbst erfahren hat, dies als Dauerzustand oder dauerhafte Veränderung voraussetzt und schon kurz darauf ganz seinen Gelüsten nachgeht, ohne einen Widerspruch zu bemerken. Während des Entwicklungsprozesses kann die Fluktuation sich mehr und mehr beschleunigen. Schließlich kann der Suchende sogar ständig die Perspektive wechseln. Die große Gefahr ist hier, dass die Inspiration durch das höhere Selbst immer größer und stetiger wird, aber de facto die ganze Zeit über mit der animalischen Ebene vermischt wird. Das ist karmisch nicht heilsam und löst zunehmenden Gegendruck aus.

Die intellektuelle Fixierung, von der aus immer nur der Blick in die eine oder andere Richtung möglich ist, muss überwunden werden. Erst durch das dauerhafte Einnehmen der Perspektive des höheren Selbstes kann die animalische Ebene sinnvoll integriert werden. Vom höheren Selbst aus sind alle drei Bereiche der Alltagspersönlichkeit zu überblicken, ohne das eine mit dem anderen zu verwechseln. Das nennen wir Erwachen.

Diese vielschichtigen Prozesse aufzudecken und in das Bewusstsein des Suchenden zu bringen, ist ein wesentliches Anliegen der Psychopraktik.

Die zwei Erleuchtungen

*Die Mönche versammelten sich in der Halle, um vor dem Mittagessen
die Lehrrede des großen Hogen von Seiryo zu hören. Hogen wies auf die
Bambusjalousien. Da gingen zwei Mönche zu den Jalousien und rollten
sie in gleicher Weise auf. Hogen sagte: „Der eine hat es, der andere nicht."*

(Mumonkan 26)

*Solange wir auf der Suche mit dem Suchenden suchen, finden wir nicht
das Gesuchte sondern **bestenfalls** das Suchende.*

(Ludwig Kirchhofen)

Viele Menschen haben eine Vorstellung davon, was Erleuchtung ist. Besonders unter denen, die selber nach ihr suchen, finden sich etliche mit sehr konkreten Meinungen über das Wesen
des Erleuchtet-Seins. Nun ist es sicher notwendig, eine Vorstellung zu haben, denn ohne sie würde man nicht nach dem Vorgestellten suchen können, aber wie das Wort schon sagt – wir stellen
unsere Meinung über ein Ding „vor" das Ding selbst. Und wenn
wir an der Vorstellung festhalten, können wir die dahinter stehende Realität nicht erkennen.

Mit der Erleuchtung ist es aber besonders vertrackt, denn sie ist
kein Ding, wie es der lineare Intellekt gerne hätte, sondern einerseits ein voranschreitender Prozess und andererseits etwas, das auf
zwei Ebenen stattfinden kann. Das wollen wir einmal etwas genauer untersuchen.

Der menschliche Intellekt arbeitet objektbezogen, polar
und linear. Das heißt, er kennt Objekte wie Stuhl, Baum und
Wand. Er kennt Gegensätze wie warm-kalt, schnell-langsam
und alt-neu. Und er kennt lineare Zusammenhänge wie: Der
Stein fällt auf den Fuß, der Fuß schmerzt, wegen dem Schmerz

schreie ich. Komplexe Zusammenhänge kann der Intellekt nicht direkt wahrnehmen, sondern muss sie in eine mehr oder weniger große Menge von Objekten, polaren Zuordnungen und linearen Zusammenhängen zerlegen. Je größer die Menge, desto mehr nähern wir uns theoretisch einer realistischen Wahrnehmung. Allerdings ist es für den Verstand umso anstrengender, je mehr Faktoren er nebeneinander stellen muss. Außerdem sind viele wichtige Zusammenhänge sehr komplex und somit ist der Verstand von vorne herein überfordert. Daher lieben die Menschen Vereinfachungen wie: Ich habe Übergewicht, weil das genetisch bedingt ist oder wir haben eine Krise wegen den gierigen Managern.

Auf Erleuchtung bezogen geht der Verstand also folgendermaßen vor. Er macht Erleuchtung zu einem Begriff und damit zu einem Ding wie Stuhl oder Stein. Dann konstruiert er eine Polarität unerleuchtet-erleuchtet, die eine Unmenge Zwischenstufen ignoriert und Erleuchtung als Endzustand betrachtet, und zuletzt nimmt er ein lineares Verhältnis an wie beispielsweise: Wenn ich dieses Seminar besuche, werde ich erleuchtet – und dafür zahle ich gerne 500,- Euro wenn ich mich ansonsten nicht zu sehr anstrengen muss.

Um die ganze Angelegenheit noch komplizierter zu machen: Es gibt tatsächlich nicht nur eine Erleuchtung, sondern mindestens zwei! Die gänzlich dominierende, unerwachte Alltagspersönlichkeit ist sich ihrer selbst meistens nicht bewusst. Sie ist eine Ansammlung von Gedanken- und Emotionsformen (Elementalen), die einerseits durch äußere Faktoren angeregt und andererseits durch innere Gesetze des Aufsteigens, Vitalisierens und Zurücktretens der Elementale agiert. Eine jähzornige Person – also eine Alltagspersönlichkeit mit einem Jähzornelemental – wird demnach auf äußere Reize immer wieder mit Jähzorn reagieren oder durch inneres Aufsteigen des Jähzornelementals immer wieder äußere Bedingungen suchen, unter denen sie ihren Jähzorn ausleben kann. Eine andere Person ohne solch ein Elemental wird weder das eine noch das andere tun. Ihre Persönlichkeit wird durch andere Elementale bestimmt. So bewirken hunderte oder tausende einzelner Gedanken- und Emotionsformen das Verhalten und die Haltung vieler Personen.

Die erste Erleuchtung ist das Bewusstwerden der Alltagspersönlichkeit. Das erscheint auf den ersten Blick banal, denn jeder wird sagen, er sei sich seiner bewusst. Und man muss wohl zugeben, dass es bei jedem Menschen solche Momente gibt - aber die meiste Zeit ist das nicht der Fall! Als Erleuchtung der Alltagspersönlichkeit betrachten wir den Zustand, in dem der bewusste Standpunkt durch einen Willensakt eingenommen werden kann oder dauerhaft vorherrscht. Erst als bewusste Alltagspersönlichkeit ist es uns möglich, die Arbeitsweise der Elementale zu analysieren und nach und nach bestimmte unerwünschte Elementale durch andere erwünschte zu ersetzen. An diesem Punkt beginnt der Mensch, sich langsam vom Karmaprozess zu lösen[5], denn er lernt, durch wache Beobachtung anderer Menschen und seiner selbst bestimmte Verhaltensweisen als nicht wünschenswert zu erkennen und zu ersetzen, ohne durch karmischen Druck zu dieser Erkenntnis gezwungen zu werden. Dazu muss er nicht spirituell orientiert sein sondern auch ein Atheist ist dazu prinzipiell in der Lage.

Die zweite Erleuchtung ist das Erkennen der Nicht-Identität des höheren Selbstes mit der Alltagspersönlichkeit – und zwar wiederum in dem Maß, dass die Perspektive des höheren Selbstes praktisch jederzeit durch einen Willensakt eingenommen werden kann oder dauerhaft vorherrscht. Auch dieser Zustand blitzt bei vielen Menschen zumindest einige Male im Leben auf. Dabei ist die Intensität des Erlebnisses unterschiedlich. Bei einigen ist es so stark, dass sie es für ihr ganzes Leben als einen Höhepunkt in

[5] Wir meinen hier nur leidvolles Karma, welches absolut überwiegend für das langsame Erwachen der Alltagspersönlichkeit verantwortlich ist, denn es ist die traurige Wahrheit, dass kaum eine Person durch positive Erfahrungen lernt. Positive Karmabedingungen sind ein angenehmer Nebeneffekt der spirituellen Entwicklung den man ruhig genießen darf.

Erinnerung behalten. Einige wenige begeben sich sogar allein aufgrund solch einer Episode auf die Suche nach dem Höheren.

Die spirituellen Systeme aller Zeiten und Orte sind darauf ausgerichtet, den Menschen über das Erwachen der Alltagspersönlichkeit hinaus zum Erkennen des höheren Selbstes anzuleiten und hinzuführen. Sie unterscheiden sich allenfalls in der Gewichtung der beiden für die zweite Erleuchtung notwendigen Vorgehensweisen. Die eine ist die aktive Modifikation der Alltagspersönlichkeit und die andere die Annäherung an das höhere Selbst durch zunehmendes Erkennen desselben. Es gibt sogar Schulen, die auf den ersten Blick extrem vorgehen. Sie widmen sich scheinbar ganz der „Verbesserung" der Alltagspersönlichkeit. Diese Schulen gehen oft aus „nichtspirituellen" rein religiösen Systemen mit allerdings hoher Ethik hervor. Den Gegenpart bilden Schulen, die sich ganz dem Erwachen des höheren Selbstes (der Buddha-Natur, dem Christus-Selbst, dem Atman...) verschreiben und dabei bewusst die Auseinandersetzung mit der Alltagspersönlichkeit meiden.[6] Das tatsächliche Erreichen unseres spirituellen Zieles ist aber weder eine vorbildliche Modifikation der Alltagspersönlichkeit ohne bewussten Zugang zum höheren Selbst, noch die zweite Erleuchtung ohne Modifikation der Alltagspersönlichkeit. In der Tat ist zwar beides denkbar, aber nicht abschließend zu verwirklichen.

Unsere Praxisvorgabe ist die Arbeit an beiden Aspekten.

[6] beispielsweise die zen-buddhistischen Schulen

Die Gurke

„Auch ein Narr hält sich für klug."
oder
„Der Fluch unserer Krankheit ist, dass sie uns unser
Kranksein nicht erkennen lässt."

Das wird wohl jeder unterschreiben, der ein wenig nachdenkt, aber es steckt ein tiefes spirituelles Gesetz in dieser Aussage. Sie betrifft nämlich nicht nur den offensichtlichen Narren, sondern jeden von uns. Oder anders herum ausgedrückt, praktisch jeder von uns ist mehr oder weniger ein Narr, denn es gibt in der Alltagspersönlichkeit jeder „normalen" Person diverse Bereiche, in denen die Begrenzungen bewirken, dass sie diese Begrenzungen nicht wahrnehmen kann. Ein entwickelter Meister drückte es einmal recht drastisch so aus:

„Besonders am Anfang der bewussten spirituellen Entwicklung ist es für den Werdenden oft nicht leicht, das Treiben seiner Mitmenschen zu betrachten und auszuhalten. Anfangs erkennt er bei anderen Menschen nur leichter, was er bei sich selber nicht so leicht bemerkt. Später, wenn er bei sich selber schon begonnen hat, Aspekte seiner Alltagspersönlichkeit bewusst zu modifizieren, erscheinen ihm die Mitmenschen vielleicht in vielem noch grotesker. Dabei ist auch er durch die eigenen Mängel in seiner Wahrnehmung noch stark eingeschränkt und dadurch vom Erkennen der wahren Ausmaße von Ignoranz und wirklich unsinnigem Verhalten weit entfernt. Trotzdem ist es für ihn, als habe er mit lauter Menschen zu tun, die nackt, mit rot angemaltem Gesicht, kikeriki-schreiend, mit einer Gurke im Hintern, auf allen Vieren um einen herumkrabbeln würden und dabei so täten, als wäre alles völlig normal[7]. Ich kann euch sagen, es ist sogar noch viel schlimmer. Allerdings wird es mit voranschreitender Entwicklung leichter erträglich."

[7] Ganz zu schweigen von den Vielen, die herumlaufen und laut über das „Kikeriki" oder die Gurke lamentieren, sie anprangern und auf das Schärfste verurteilen. Dabei schreien sie „I-ah" oder haben eine Banane dort, wo sich sonst die Gurke befindet.

Karma, Gnade und Aufmerksamkeit

„Was ich euch erklärt habe, ist so beachtlich wie die Anzahl der Blätter eines großen Baumes. Doch was ich nicht erklärt habe, ist so unermesslich wie die Blätter aller Bäume des ganzen Waldes."

(Buddha)

Religionen sind nur die Kleider der für normale Augen unsichtbaren Wahrheit und nicht die Wahrheit selbst. Als Kleider machen sie die Wahrheit einerseits sichtbar - verhüllen sie aber auf der anderen Seite und sie sind regionalen und zeitlichen Moden unterworfen. Das kann ein Wahrheitsforscher bei der Betrachtung der Veränderungen der Religionen im Laufe der Jahrhunderte oder beim Vergleichen verschiedener religiöser Strömungen und der Religionen selbst untereinander ohne weiteres feststellen.

Religionen neigen dazu, Aspekte höherer Wahrheit einerseits auszublenden oder zu verfälschen und andererseits überzubetonen. Verbunden mit der den Menschen eigenen Rechthaberei liegt hierin eine Ursache für viele Leiden, die die Menschen übereinander bringen.

Nehmen wir ein konkretes Beispiel. Christentum und Buddhismus in ihren allgemeinen, exoterischen Formen, weisen sehr gut zu beobachtende, wechselseitige Ausblendungen und Überbewertungen auf. Das Christentum als Religion hat sich schon in seiner Frühzeit von der Reinkarnationslehre abgewandt und sich damit in eine Position gebracht, in der sich viele Erscheinungen nur noch durch eine erschreckende göttliche Willkür und Lieblosigkeit erklären lassen. Der Buddhismus wiederum hat die Lehre von Reinkarnation und Karma zu solch absoluter und mechanischer Gültigkeit erhoben, dass ein liebendes und allumfassendes Höchstes ebenfalls keinen sinnvollen Platz in seinem Glaubenssystem hat. Trotzdem ist es in beiden Religionen vielen Menschen, die ihr Glaubensumfeld als ein Konstrukt zur spirituellen Entwicklung nutzten, gelungen, schließlich die Grenzen des jeweiligen Systems zu sprengen, sämtlicher ausgeklammerter Aspekte gewahr zu werden und sie in einem umfassenden Erkennen zu verwirklichen.

Der Wahrheitsforschung stellt sich der Kontext differenzierter dar. Spirituelle Wahrheit lässt sich entsprechend dem persönlichen Entwicklungsstand direkt wahrnehmen. Wir unterscheiden dabei relative Wahrheiten und absolute Wahrheiten. Je höher und absoluter die erkannte Wahrheit ist, desto schwerer ist es, sie in verständliche Worte zu fassen, denn die Welt der Worte gehört den Welten der Trennung an und somit in den Bereich der relativen Wahrheiten. Zu versuchen, absolute Wahrheiten in Worte zu fassen, ist immer ein Akt freundlicher Zuwendung gegenüber suchenden Mitmenschen - aber auch ein Akt der Verfälschung. Und darüber hinaus setzt sich der Mitteilende automatisch dem Widerspruch der Hörenden und der weitergehenden Verfälschung der Zitierenden aus. Der Hörer muss verstehen können und wollen. Dann kann er sich selbst über die relativen Wahrheiten den höheren Wahrheiten annähern.

Wir wollen hier Karma und den christlichen Gnadenbegriff in Beziehung setzen und schließlich noch über diese Ebene hinausgehen. Im Christentum wird die Gnade überbewertet und der Mensch unterbewertet. Der christlichen Auffassung zufolge vermag der Mensch nichts. Alles wird ihm durch Hingabe und Gnade zuteil. Durch gute Taten allein kann der Christ sein Schicksal nicht beeinflussen. Zudem wird er für nicht ausreichende Hingabe (in der Regel auch an die Institution Kirche) noch mit der Hölle und der endgültigen Vernichtung bedroht.

Der Buddhist dagegen kann sein Schicksal nur durch seine Taten beeinflussen. Saat und Ernte entsprechen hier allgemein einem Verhältnis von eins zu eins. Jede gute oder schlechte Tat gegen andere ruft eine entsprechende Tat hervor, die dem ursprünglichen Täter selbst irgendwann widerfährt. Ein dem Glaubenssystem wohlfeiles Verhalten wird im Buddhismus von den Laien „erzwungen", indem manche Dinge des täglichen Lebens selbst schon als Frucht einer Unzahl von guten Vorausleistungen dargestellt werden. Zum Beispiel die Geburt als menschliches Wesen. Verpasst der Mensch die Chance in diesem Leben, so wird er möglicherweise die Gnade der menschlichen Geburt für tausende oder Millionen Lebzeiten nicht wieder erlangen und diese zwischenzeitlichen Inkarnationen in Höllen, als Geist oder als unvernünftiges Tier in unentfliehbarenen Leiden verbringen müssen. Auch eine Perspektive, mit der man die Gläubigen recht gut disziplinieren kann.

Aus unserer Sicht sieht die höhere Wahrheit anders aus. Karma und Gnade existieren nebeneinander und schließen sich keinesfalls gegenseitig aus. Vielmehr ergänzen sie sich zu einem sinnvolleren Ganzen und dies ist schon auf der logischen Ebene ein Zeichen dafür, dass diese Betrachtungsweise der Wahrheit näher ist. Gnade ist die göttliche Grundhaltung, Karma ist das Gesetz, das uns Fehlverhalten (und eigentlich auch richtiges Verhalten) erkennen lässt. Aus Gnade[8] hält der Vater oder die Mutter das Kleinkind wieder und wieder davon ab, sich die Finger am heißen Herd zu verbrennen. Es wird entweder irgendwann verstehen, oder es wird irgendwann schneller als Vater oder Mutter sein und sich die Finger verbrennen. Das ist dann Karma und es lehrt das Kind die Folgen eines bestimmten Tuns, wenn es nicht vorher durch die Hinweise der Eltern lernte.

Karma und Gnade werden aber darüber hinaus noch durch den von uns so genannten „Dritten Weg" transzendiert. Dieser Dritte Weg ist der Weg der Entwicklung der Aufmerksamkeit. Er macht Karma und Gnade zu zwei temporären Hilfsfunktionen. Indem wir nämlich lernen, die Karma- und Gnadenprozesse um uns

[8] Du siehst hier, ein anderes Wort für Gnade ist Liebe.

herum aufmerksam zu beobachten, versetzen wir uns in die Lage, nicht wünschenswerte Prozesse zu vermeiden. Ausgeübte Gnade[9] und negatives Karma werden zunehmend überflüssig, denn negatives Karma wird durch Einsicht in den es betreffenden Prozess aufgelöst und Gnade wird durch richtiges Verhalten unnötig.

Aufmerksamkeit ist zwar eine komplexe, schwer aufrecht zu erhaltende und anfangs sicher auch unbequeme innere Haltung, die durch langes, intensives Üben erarbeitet werden muss, aber allein der Nebeneffekt des Freiwerdens von negativem Karma ist in dieser Welt so voller Leiden sicher einige Mühe wert. Noch ungleich höher zu bewerten ist der spirituelle Fortschritt, der mit wachsender Aufmerksamkeit einhergeht, denn erst durch ihn werden wir zu freien, eigenständig handelnden Menschen, indem wir unsere kleinen, unbewussten Alltagspersönlichkeiten bewusst werden lassen und schließlich in den Dienst unseres höheren, unsterblichen Selbstes stellen.

[9] Als göttlicher Wesenszug bleibt Liebe natürlich immerwährend vorhanden, sie muss sich nur nicht mehr als Gnade äußern.

Religion und Spiritualität

„Spiritualität ist der Versuch der Annäherung an die innere
Wahrheit der Religionen."

(Das Buch der drei Ringe)

Meist werden Religion und Spiritualität gleichgesetzt oder
zumindest als Äußerungen derselben Sache betrachtet. Wir wollen hier auch weder den Religionen das spirituelle Potential ab-
sprechen, noch einem spirituell entwickelten Menschen das
Ausüben einer Religion. Um aber nicht den Lifestyle-Esoteri-
ker, der vor allem findet, dass sich der vergoldete Buddha gut auf
seinem Kaminsims macht, den Ostern-und-Heiligabend-in-die-
Kirche-Geher, den vollendeten Meister und alles zwischen diesen
Extremen in einen Topf zu schmeißen, ist es sinnvoll, das Spektrum etwas näher zu definieren.

Religion und Spiritualität sind eben **nicht** identisch und
bedingen sich auch nicht wechselseitig. Das Wort „Spiritualität"
ist vom lateinischen „spiritus" für Geist bzw. Hauch[10] abgeleitet
und meint die Suche und die Verwirklichung des inneren Wesens
oder besser des Hintergrundes der Religionen. Das Verhältnis von
Religion und Spiritualität kann man am ehesten so verstehen,
dass Religion aus einer äußeren Form besteht, die im Idealfall
auf den spirituellen Inhalt hinweist. Spiritualität dagegen äußert
sich auf der Formebene durch Weiterverbreitung und den Lauf
der Zeit häufig als Religion oder als Strömung innerhalb einer
Religion. Will sagen, dass Menschen, die weitgehende spirituelle Erfahrungen gemacht haben, manchmal ohne es zu wollen
Religionen gründeten oder Strömungen innerhalb bestehender Religionen hervorriefen. Manchmal wurden sie jedoch
wohl auch im Kontext bestehender Religionen einfach zum

[10] Das uns schon von anderer Stelle
bekannte griechische Äquivalent ist das
Wort „Pneuma". Siehe Betrachtung
„Hyliker, Psychiker und Pneumatiker".

Marktplatz geschleift und gesteinigt oder verbrannt.

Wenn wir die Religionen auch in erster Linie als äußere Formen betrachten, so kann man ihnen doch zugutehalten, dass sie ihre Anhänger häufig disziplinieren und von ihnen gewisse Anstrengungen erwarten. Beides kann dem gesellschaftlichen Miteinander dienen und ist dem spirituellen Wachstum zuträglich – wenn es auch noch nicht spirituell an sich ist. Die Schattenseite ist, dass sich gerade über die äußeren Formen trefflich streiten lässt und so auch die Grundlage für schlimmere Exzesse als Streit gelegt ist. Dieser Punkt wird von Atheisten häufig als Argument gegen Religionen benutzt, aber man sollte darin doch eher eine allgemeine Aussage über die menschliche Befindlichkeit sehen, denn Menschen wie Stalin, Hitler, Mao, Pol Pot und ihre Organisationen sind nicht religiös gewesen. Trotzdem stellten sie alles historisch den Religionen Anzulastende in den Schatten.

Das religiöse Spektrum ist weit. Es umfasst den nominellen Karteikartenchristen ebenso, wie den strenggläubigen und ernsthaft übenden Trappistenmönch – und natürlich ihre Äquivalente in anderen Religionen. Die schlechte Nachricht dabei ist, dass man den größten Teil der sogenannten „Esoterikszene" deckungsgleich über dieses religiöse Spektrum legen kann, obwohl doch gerade in diesem Bereich viel Wert darauf gelegt wird, sich von den Religionen zu unterscheiden und „besser" zu sein. Es fällt sogar schwer zu entscheiden, ob das Verhältnis Karteikartenchristen gegenüber Trappistenmönchen auf die Esoterikszene bezogen nicht prozentual noch ungünstiger ausfallen würde. Ist es nicht gerade hier so, dass einer der obersten Maßstäbe bei sehr vielen Suchenden das persönliche Wohlsein ist? Da wird dann leicht jede Mühe zum Ausschlusskriterium, jedes Infragestellen zum vermeidbaren Angriff. Aus allen Religionen und Lehrgebäuden wird dann das Passende herausgegriffen und in die Fassade der Alltagspersönlichkeit eingebaut. Das Unpassende wird verworfen – nicht, weil man es ernsthaft geprüft hat, sondern weil es unbequem ist.

Der spirituelle Ansatz ist genau anders herum. Zwar ist die Grundentscheidung eine bewusste Glaubensentscheidung[11], eine Entscheidung für den Glauben, aber von dieser Basis aus geht es dann nur noch um Ausprobieren, Prüfen, Wissenwollen und Erkennen. Insofern ist es ein heuristischer[12] Ansatz, der das Endergebnis als Hypothese vorwegnimmt, aber dann Wege vom persönlichen Zustand zum Endergebnis erforscht, die durchaus auch unbequem sein dürfen. Allerdings dürfen wir auch hier davon ausgehen, dass das Spektrum von spirituell orientierten Menschen weit ist. Oder, um es anders herum auszudrücken, das Übergangsfeld zwischen Religiosität und Spiritualität ist sehr groß.

Der spirituelle Ansatz beinhaltet aber gerade das Wissen um die Tatsache, dass man sich der Wahrheit entgegenarbeitet und aller Wahrscheinlichkeit nach beim befriedigenden Erreichen eines Endergebnisses feststellt, dass sich dahinter weiterführende Wege auftun. Dadurch ist der Gefahr die Spitze genommen, sich festzufahren und praktisch über den spirituellen Weg in einer quasireligiösen Haltung zu erstarren.

Diese Gefahr besteht aber trotzdem und es gibt spirituelle Lehrer, die zu Bedenken geben, dass vor allem darin ein wesentlicher Grund für die relativ kurze Lebensspanne der Menschen liegt – und nicht in biologischen Notwendigkeiten. Will sagen, wenn wir tausend Jahre leben würden und davon neunhundertfünfzig Jahre festgefahren wären, so würde sehr viel Zeit verschwendet. So löscht der Schleier des Todes nach etwa siebzig Jahren alle Vorstellungen aus und macht wieder offen für neue Betrachtungen bekannter Formen, indem er uns in eine neue Inkarnation „weiterreicht". Da sind dann jeweils etwa zwanzig lästige Jahre Aufbauphase akzeptabel, in der wir zwar recht flexibel sind, aber noch nicht wirklich die volle Funktionalität der Persönlichkeit erreicht haben...

[11] Bewusst insofern, dass der Sich-Entscheidende weiß, dass diese Glaubensentscheidung eben eine Glaubens-entscheidung ist, wohingegen der Atheist zwar auch eine Glaubensentscheidung trifft, aber sie normalerweise nicht so nennen würde. Der Atheist nennt das dann einfach „Wissen" und schiebt die Beweislast dem „Glaubenden" zu. Damit disqualifiziert sich der Atheist von der ernsthaften Wahrheitsforschung.

[12] Heuristik (altgr. heuriskein, „entdecken") ist die Kunst, mit begrenztem Wissen zu guten Lösungen zu kommen.

Mr. Spocks Gruß „*Live long and prosper!*"[13] mit der speziellen, dem aaronitischen Segen der orthodoxen Juden entlehnten Handzeichen, ließe sich vor dem Hintergrund ganz neu und im Umkehrschluss verstehen: Wenn du vorankommend lebst, wirst du lange leben.

Versuchen kostet ja nichts – außer einer Menge Mühe jedenfalls.

[13] „Dif-tor heh smusma!"" auf Vulkanisch oder „Lebe lang und gedeihend/blühend/vorankommend!"" auf Deutsch.

Haben oder Sein

„Nicht Haben steht dem Sein im Weg, es ist das Habenwollen,"
sagte der Schüler zum Meister, während er sich aus seinem neuen
Maserati GranTurismo MC schälte. Der Meister grinste,
nickte und stieg von seinem vierzig Jahre alten Hollandrad.

Wir **haben** einen Körper, **haben** ein Gefühl, **haben** einen Gedanken - aber wer **sind** wir dann? Obwohl hier die Sprache nahelegt, dass es eine weitere Instanz gibt, die **ist** und damit **haben** kann, verwechseln die Menschen im Alltag das eine mit dem anderen, denn sie sehen sich nur als das, was sie **haben**. Körper, Gefühl, Gedanken.

Dies wäre alleine für sich schon schlimm genug. Die Steigerung dieser Verwechselung besteht darin, dass die Menschen sie auch noch auf alles andere übertragen, das sie haben bzw. haben könnten. Sie definieren sich geradezu durch das, was sie über Körper, Gefühl und Gedanken hinaus haben, was sie besitzen, was ihnen zugesprochen wird. „Ich habe ein dickes Auto, ein schönes Haus, eine Frau (Mann) und ein gutes Gehalt, dazu einen Doktortitel - all das macht[14] mich aus."

Als Ergebnis davon suchen die Menschen intensiv nach mehr und neuem Haben, aber nicht nach Sein. Und obwohl sie so Fehler auf Fehler häufen, wissen sie auf der ihnen eigentlich doch verborgenen Seinsebene die ganze Zeit von dem fundamentalen Mangel, unter dem sie leiden. Und sie leiden tatsächlich und begehen den nächsten Fehler, indem sie erneut durch Habenwollen und Kriegen und immer schnelleres Konsumieren das Leiden zu beheben versuchen.

Worauf wir schon beim nächsten Wort sind, das zu betrachten wäre. Auffällig ist der enge Zusammenhang zwischen den

---

[14] Auch ein Wort zum Nachdenken...

Worten kriegen und Krieg, denn aus dem unkontrolliert sich steigernden Habenwollen, Kriegenwollen und Kriegen ergibt sich eine kriegerische Haltung gegen die ganze Welt, gegen alles und jeden. Schließlich stehen andere mit ihren Ansprüchen dem eigenen Kriegenwollen im Wege. Und dabei führt man die ganze Zeit auch noch Krieg gegen sich selber.

Wie können wir Frieden finden? Schauen wir genauer auf ein letztes Wort. Frieden und frei sind, wenn auch eine Vokalvertauschung das verschleiert, eng verwandte Worte. Wenn wir frei sind haben wir Frieden – wenn wir Frieden haben sind wir frei. Das eine bewirkt jeweils das andere.

Also müssen wir uns frei machen, um Frieden zu finden. Frei von was? Vom Habenwollen! Von uns selbst! Wir müssen uns von der Dominanz der habenden und habenwollenden Alltagspersönlichkeit befreien und das Seiende, das höhere Selbst zum unser Leben bestimmenden Persönlichkeitsaspekt machen. Und wie? Indem wir nicht denken, dass wir dies alles verstehen, aber indem wir uns die ganze Zeit bemühen, es zu verstehen.

Billig!

*Der höchste Lohn für unsere Bemühungen ist nicht das, was wir dafür
bekommen, sondern das, was wir dadurch werden.*

(John Ruskin, engl. Sozialphilosoph † 20. 01. 1900)

Deutschland – Land des Billigessens. Nicht, dass ein Franzose
sich nicht freuen würde, wenn er hochwertiges Essen günstig be-
käme, aber in Deutschland sind die Prioritäten vertauscht. Billig
muss! Qualität könnte theoretisch – ist aber zu supermarkttaug-
lichen Preisen nicht zu machen. Da hat dann die Grillwurst (500
Gramm 1,39) nur 61% Fleischanteil. Seltsam bei einer Wurst,
oder? Der Rest sind Wasser, Gewürze, Stabilisatoren, Konser-
vierungsstoffe, Farbstoffe etc. Und der „Fleischanteil"? Man hört
von Ohren, Schnauzen, Penissen, Füßen und Fett, Fett, Fett.

Und wo kommen diese „Schlachtabfälle" her? Von Billig-
schweinen, die schnellstmöglich großgemästet werden, dabei nur
Billigscheiß zu fressen bekommen und billigstmöglich unterge-
bracht sind. Das stapelbare, intravenös ernährte Schwein ist leider
noch nicht erfunden!

Was bei der Wurst besonders drastisch erscheint durchzieht die
gesamte Nahrungsmittelindustrie wie eine Krankheit. Wenn das
Endprodukt billig sein soll, dann wird überall gespart und Ver-
träglichkeit spielt keine Rolle. Umweltverträglichkeit, Sozialver-
träglichkeit, Gesundheitsverträglichkeit – egal.

Und weiter frisst sich der Billigwahn. Bekleidung vom Discounter. In Bangladesch unter unmenschlichen Bedingungen
produziert. Möbel vom Discounter. In Rumänien zusammen-
gedengelt. Spielzeug aus China – 75% der Weltspielzeugproduk-
tion. Die Liste lässt sich fortsetzen, aber das Prinzip ist schon klar.
Wir wollen ein billiges Endprodukt und es ist uns egal, wie es

zustande kommt. Wo die Rohstoffe herkommen, was die Rohstoffgewinnung bewirkt, wie die Menschen dabei arbeiten, was für Arbeitsbedingungen bei der Weiterverarbeitung herrschen, was für Energie eingesetzt wird, welche Giftstoffe bei der Verarbeitung eingesetzt werden, wie weit die Transportwege sind.

Generell muss man sagen, dass diese Haltung zerstörerische Konsequenzen für alle und alles auf der Welt hat. Vor allem aber für einen selbst. Denn wenn wir auch von den Konsequenzen unseres Verkonsumierens der Welt nichts wissen und meist nichts wissen wollen, fallen diese Konsequenzen durch den Karmaprozess doch auf uns zurück. Insofern zehren wir von der eigenen Substanz. Und darüber hinaus richtet eine innere Haltung, die den „Dingen an sich" keinen Wert beimisst, sondern eigentlich nur dem innewohnenden Sparpotential der Dinge – also dem, was wir **nicht** für die Dinge bezahlen müssen – einen kaum zu überschätzenden Schaden am Gefüge unserer Wertwahrnehmung an. Und wozu verwenden wir das gesparte Geld? Zur gesteigerten Verkonsumierung nicht wertgeschätzter Dinge.

Die Ironie ist, dass sehr viele dieser Dinge bei genauer Betrachtung tatsächlich eigentlich wertlos sind. Sie verfügen über kaum einen Nutzen, der über schiere Möglichkeit des Angeschafft-Werdens hinausgeht. Sie sind kein Gewinn für uns als Menschen und somit sind sie **immer** überteuert, **gleichgültig**, wie billig sie auch sein mögen.

Hat denn das Geld einen Wert, wenn wir den Produkten keinen Wert beimessen können, gegen die wir unser Geld geizig und verschwenderisch zugleich eintauschen? Hat denn dann die Arbeit einen Wert, mit der wir unser Geld verdienen? Kann es überhaupt etwas geben, für das wir uns sinnvoll einsetzen können, wenn wir jede Verbindlichkeit und jeden Wert in so vielen Aspekten unseres Lebens untergraben? John Ruskin hatte mit seiner Aussage sicher vollkommen und absolut recht. Allerdings stellt seine Aussage nur die eine Seite der Wahrheit dar, denn abhängig davon worin unsere Bemühungen bestehen, kann man das, was man durch diese Bemühungen wird, oft schwerlich als Lohn begreifen. Geschweige denn als höchsten Lohn!

Ist es möglich von dieser kranken Sichtweise herunterzukommen, die mit ihrem wirklich mächtigen, gesamtgesellschaftlichen Elementaldruck beinahe alle Bereiche des Alltagslebens durchdringt? Einem verwirrten Volontär bot ein Lehrer der „Einen spirituellen Gemeinschaft" als Ausdruck höchster Zuneigung einmal an, der Gemeinschaft den Zehnt zu entrichten – einer Gemeinschaft wohlgemerkt, die der bescheidenen Mittel des Volontärs in keiner Weise bedurfte. Er sagte, man müsse die Werte vom Kopf auf die Füße stellen und das Geben von Geld sei ein Anfang. Ehrlich erworbenes Geld als Äquivalent persönlichen Einsatzes in einen Kontext hohen Wertes schafft karmische Verbindung und karmische Konsequenzen. Direkter, persönlicher Einsatz schafft diese Resultate direkter und persönlicher. Man muss fast lachen, wie offensichtlich das ist.

Der ehemalige Volontär kann bezeugen, wie **sehr** alles aufs Wunderbarste in Bewegung gerät, wenn eine Umorientierung und Ausrichtung mit Einsatz einhergeht – und das schon unter der 95%-Regel, die ja wirklich keine überzogenen Forderungen an einen selbst aufkommen lässt. Und wie leicht ist das zu toppen, wenn man klare Entscheidungen trifft und eine deutliche weitreichende Ausrichtung erreicht. Denn abgesehen von den physischen Notwendigkeiten des täglichen Lebens wie Essen, Trinken, Schlafen, ferner den Bedürfnissen der möglicherweise vorhandenen Partner und Familien und einigen Konzessionen an die Bedürfnisse nach Ablenkung und Bequemlichkeit[15] gibt es doch zumindest für den etwas fortgeschritteneren Suchenden nichts, was höhere Bedeutung hat, als die Bewegung auf die „Eine spirituelle Gemeinschaft" hin.

[15] Auch hier gilt die 95%-Regel. Aber sicher haben schon viele festgestellt, wie schwer es ist, auch nur fünf Prozent zu verwirklichen, wenn klare, unverbrüchliche Entscheidungen fehlen. Oder besser: wie schwer es ist, zu dem inneren Ort vorzudringen, an dem solch klare Entscheidungen zu treffen sind.

Die Antwort auf die Frage nach dem spirituellen Kontext, in dem man arbeiten und sich entwickeln möchte, muss jeder für sich selber beantworten. Das höchste spirituelle Prinzip ist das Prinzip der Freiheit. Freiheit lässt sich aber nur unter der Voraussetzung verwirklichen, dass man möglichst umfassend informiert ist. Wenn man nicht weiß, was in der Wurst ist, kann man sie zwar verzehren, aber man kann sich nicht wirklich für sie entscheiden. Wenn man nicht wissen will, was in der Wurst ist, gilt das Gleiche. Wenn man weiß, was in welcher Wurst ist, wird man sich für eine hochwertige Wurst entscheiden – wobei es immer noch verschiedene hochwertige Würste zur Auswahl gibt. Ist die Entscheidung für eine Wurst gefallen, trägt sie kein vernünftiger Mensch drei Monate in der Hosentasche. Er sollte sie flugs braten, verzehren und so zu einem Teil seiner selbst machen.

Und ganz zuletzt noch etwas zum Nachdenken[16] aus einem „Gespräch der Kleinen". Bei Lukas 21,1 bis 4 lesen wir: „1.Er sah aber auf und schaute die Reichen, wie sie ihre Opfer einlegten in den Gotteskasten. 2.Er sah aber auch eine arme Witwe, die legte zwei Scherflein ein. 3.Und er sprach: Wahrlich ich sage euch: Diese arme Witwe hat mehr denn sie alle eingelegt. Denn so einer willig ist, so ist er angenehm, nach dem er hat, nicht nach dem er nicht hat. 4.Denn diese alle haben aus ihrem Überfluss eingelegt zu dem Opfer Gottes; sie aber hat von ihrer Armut alle ihre Nahrung, die sie hatte, eingelegt."

Dem lässt sich noch eine Überlegung hinzufügen. Wenn die arme Witwe wenig, aber für sie viel einlegt und der Reiche viel, aber für ihn wenig, so ist der **Verdienst** für die Witwe viel größer. Wenn beide aber nichts in den Gotteskasten legen, so ist der **Verlust** für den Reichen viel größer. Wie geht das denn?

Missverständnisse über spirituelle Meister

Der Meister saß bewegungslos und schaute streng.
„Ich werde Deine Erleuchtung nicht anerkennen - was sagst Du nun?"
„Jede Erleuchtung ist ihre eigene Anerkennung,"
entgegnete der Schüler. „Würde ich Deine Anerkennung brauchen, hätte
ich die Erleuchtung nicht."
„Wenn das so ist," lächelte der Meister dem Schüler milde zu,
„erkenne ich sie an!"

Wenn für einen Menschen die Suche nach höheren Wahrheiten beginnt, dann stürzt er sich oft mit großem Eifer in diese Suche hinein. Ein wichtiger Garant des Erfolges seiner Suche scheint ihm zu sein, dass der Lehrer oder Meister, den er sich aussucht, einen möglichst hohen Grad hat. Er denkt, dass er umso schneller Fortschritte macht, je „höher" die Informationen sind, die er von diesem Lehrer bekommt. Ja, er glaubt vielleicht sogar, dass er allein durch den Erhalt der Information schon entsprechend weit gekommen wäre.

Das hat auf der einen Seite etwas rührend Infantiles. Es ist, als ob die Kinder einer Vorschulklasse einen altgedienten Universitätsprofessor für Unterricht in Quantenphysik suchen. Wie gesagt rührend - aber sinnlos! Auf der anderen Seite liegt eine große Gefahr dieser Art Suche. Viele Blender und Scharlatane machen sich den Wunsch der Suchenden nach hoher Anleitung zunutze, indem sie zu ihrem eigenen, egoistischen Vorteil Meister simulieren. Das gelingt oft geradezu absurd leicht, denn ein Vorschulkind hat ja auch keine Kriterien, mit denen es einen Professor von einem Schauspieler unterscheiden kann. So sind die Sucher verführbar - besonders wenn sie schnelle, bequeme Fortschritte erhoffen. Dazu kommt dann noch der tatsächlich große aber notgedrungen oft flache Enthusiasmus der „Schüler".

In Wirklichkeit sind diese Dinge anders und auch leicht nachvollziehbar eingerichtet. Als konkretes Beispiel mag die Organisation der Grade in den Budo-Systemen dienen - also in den Kampfsportarten wie Judo oder Karate. Dort gibt es eine Anzahl von Schülergraden und im Anschluss daran eine Reihe von Meistergraden, deren höchste gar nicht durch Technik zu erwerben sind, sondern nur verliehen werden können. Einen wesentlichen Teil des Unterrichts der einzelnen Grade bestreiten Inhaber der jeweils nächsthöheren Grade. Selten wird ein hochgradiger Meister in die Ausbildung niedriger Schülergrade direkt eingreifen. Zudem werden besonders die niedrigen Schülergrade beinahe ausschließlich mit der Vermittlung von Techniken geschult und nur sporadisch durch tiefergehende Informationen „ausgerichtet". Die höchsten Meistergrade zeichnen sich dagegen geradezu durch Überwindung der Technik, durch Loslassen der Technik aus. Erst hier wird wahre Freiheit erlangt. Erst hier wird Üben durch Tun bzw. Sein ersetzt.

Ob wir es mögen oder nicht, ob wir uns etwas anderes wünschen oder nicht, ob wir es wahrhaben wollen oder nicht, in den Bereichen der spirituellen Entwicklung ist es genauso. Alles andere ist Wunschdenken und Illusion. Zwar erscheinen auch hier hin und wieder hohe Meister und Eingeweihte, aber sie sind für die niedrigen Grade nie dauerhaft zugegen. (Wo etwas anderes vorgegaukelt wird nimm dich in acht!) Der Schüler wird immer mit technischen Anleitungen nach Hause geschickt. Dort stehen in der Regel Mitschüler seines Grades und Fortgeschrittenere bereit, die Austausch, Information und angemessene Inspiration ermöglichen. Außerdem wird er, wenn er nicht ein völliger Anfänger ist, in die Verpflichtung genommen, sein bereits erworbenes Wissen an Interessierte weiterzugeben, denn lernen bedeutet immer auch lehren lernen.

Mensch sein oder werden?

„Sei du selbst, verstelle dich nicht!
Das hört sich einfach an?
Ist es nicht! Nichts ist schwerer!"
(Apholia Hilduns in: „Farnhams Legende" von Helge T. Kautz)

In der biologischen Systematik entspricht der Artname Homo sapiens unserem Begriff „Mensch" und, da er in der Gattung Homo mittlerweile die einzig vertretene Art ist, entspricht „Mensch" auch dem Namen für die ganze Gattung. Andere Vertreter der Gattung sind - wie zuletzt Homo neanderthalensis - ausgestorben. Weitere Arten hießen beispielsweise Homo erectus oder Homo habilis. Die Namen unserer ausgestorbenen Verwandten bedeuten übersetzt: Mensch aus dem Neandertal, aufgerichteter Mensch und geschickter Mensch. Namen also, die sich von der regionalen Herkunft, einem physischen Merkmal oder einer gewissen physischen Fähigkeit herleiten. Mit der zu erwartenden Überheblichkeit nennen wir uns selber Homo sapiens – also den weisen Menschen.

Man kann wohl auch heute noch „aufgerichtet" gehende Menschen (ca. 6,7 Milliarden) treffen. Auch viele in einzelnen Bereichen „Geschickte" lassen sich finden. Selbst in den beiden Gemeinden Erkrath und Mettmann, auf deren Gebiet das Neandertal heute liegt, leben rund 90 000 „Neandertaler". Die Zahl wirklich „weiser" Menschen könnte aber global leicht noch niedriger liegen. Woher also diese unglaubliche Selbstüberschätzung?

Man könnte sagen, ja, das ist ja nur ein Name. Aber sind wir nicht auch in jeder anderen Beziehung schnell dabei, dem Menschen alle möglichen Qualitäten anzudichten, obwohl wir doch beim Blick auf das tatsächliche Geschehen in der Welt jederzeit eines Besseren belehrt werden? Generell kann man sagen, dass wir dazu neigen Möglichkeit mit Vorhandensein zu verwechseln. Würde beispielsweise der Doppelkontinent Amerika nicht vom Homo sapiens besiedelt sein, sondern von hunderten Millionen Neandertalern, die sich mit Attributen wie weise, denkend, erfinderisch und klug schmücken würden und sich darüber hinaus noch als Krone der Schöpfung betrachteten, würden wir sie mit messerscharfen Blick an den Realitäten messen. Überbevölkerung? Umweltzerstörung? Ressourcenverschwendung? Kriege ohne Ende? Da kann doch etwas nicht stimmen!

Kurz gefasst, wir sollten den biologisch-systematischen Artnamen „Mensch" nicht ohne weiteres auf unsere tatsächliche Befindlichkeit übertragen. Wir verbinden mit „Mensch" oder „menschlich" eine Reihe von positiven Begriffen, denen wir bei unvoreingenommener Untersuchung kaum entsprechen. Daran erkennen wir, dass nicht Mensch-sein sondern Mensch-werden auf unserer Aufgabenliste ganz oben stehen sollte. Wenn wir nicht diese Aufgabe zuerst angehen, ist praktisch alleine dadurch, dass wir uns ihr nicht stellen, alles andere, was wir erreichen mögen, korrumpiert, pervertiert und quasi wertlos. So geschieht das, was wir wie einen roten Faden in der Geschichte der Menschheit erblicken: Jede noch so ambitionierte, nützliche und hilfreiche Erfindung und Entwicklung dient im Verlauf ihrer Nutzung mindestens ebenso sehr der Vergrößerung der Leiden der Menschheit, wie sie zu ihrer Linderung beiträgt.

Die Aufgabe liegt aber nicht − wie wir es gerne hätten − darin, andere zum Mensch-Sein zu motivieren, zu führen oder gar zu zwingen. Wir müssen Mensch-Sein in uns selber erarbeiten und verwirklichen. Auf dem Wege dahin dürfen wir andere daran teilhaben lassen − wenn sie es wollen. Aber immer wieder müssen wir zurückkehren zu unserer ganz persönlichen Aufgabe: Du werde Mensch und nenne dich nicht nur so! Nimm Abstand von dir selber, betrachte das Tun der Menschen um dich herum und suche und wandle seine Wurzeln bei dir selber! Scheue dich nicht vor unangenehmen Einsichten! Suche sie und mache dich frei! Betrete den Garten des Lebens als Gärtner – nicht als Wurm!

Bewältigungs-Stereotypien

Manche Begebenheiten des täglichen Lebens rufen in uns Empörung und inneren Widerstand hervor. Dies geschieht, weil wir uns als getrennt vom Geschehen begreifen - als mit dem Geschehen konfrontiert. Wenn wir unser Getrenntsein aufgeben, können wir eine Situation als einen komplexen Prozess überschauen, ohne uns mit Widerständen aufzuhalten. Wir regeln alles so weit und so gut wir es vermögen ohne zwischen innen und außen zu unterscheiden.
Das nennen wir rechtes Tun.

(Das Buch der drei Ringe)

Eine Bewältigungs-Stereotypie ist der Versuch einer Person, eine offene und spontane Haltung der Umwelt und speziell anderen Menschen gegenüber durch schematisierte Strategien zu ersetzen. Dieser Versuch resultiert aus dem starken menschlichen Bedürfnis, zu vereinfachen und Anstrengungen zu vermeiden.[17]

Bewältigungs-Stereotypien lassen sich im Kleinen wie im Großen beobachten. Sie können sich also zum Beispiel darin äußern, dass man von allen Menschen erwartet, dass sie immer nur etwas von einem wollen, ohne bereit zu sein, dafür irgendeine Form von Gegenleistung zu erbringen. Dass sie einen in irgendeiner Weise übervorteilen wollen oder dass man sich ständig gegen Übertretungen anderer verteidigen muss. Ebenso können sie sich aber auch auf Bevölkerungsteile beziehen. Kinder, junge Frauen, spirituelle Lehrer, Türken, Rentner oder Politiker. Ja sogar im ganz Kleinen gibt es Bewältigungs-Stereotypien. Wir können Einzelpersonen gegenüber bestimmte unauflösliche Haltungen einnehmen. Peter ist ein Säufer, Paul ein echter Heiliger. Wir sehen, dass Bewältigungs-Stereotypien auch vordergründig positiv sein können. Man kann von allen Menschen nur das beste

---

[17] Ein weiteres Beispiel neben den Bewältigungs-Stereotypien ist das Nichtwissen-wollen, damit man sich bloß nicht den Kopf zerbrechen muss.

erwarten, Politiker tun alles zum Wohle des Volkes, Kinder sind echte Goldstücke und Paul würde sicher niemals seine Frau betrügen. Das wäre schön und gut – wenn es denn in letzter Konsequenz realistisch wäre.

Wir wollen damit aber nicht sagen, dass gewisse Grundhaltungen – besonders die positiven – nicht akzeptabel sind. Sie werden aber inakzeptabel, wenn sie erstarren und zu Bewältigungs-Stereotypien werden, die keinen Raum mehr für Neubewertungen lassen. Es gilt wie immer, dass wir einen Mittelweg zwischen dem in der Stereotypie erstarrten Extrem und dem Extrem der anderen Seite finden müssen. Welches ist das in diesem Fall? Das völlige Unwissen. Dann würden wir jeder Situation und jedem Menschen wie ein Säugling gegenüberstehen und uns verhalten, als würden wir auf keinerlei Erfahrung zurückgreifen können. Sicher auch nicht wünschenswert. Der ideale Mittelweg könnte also sein: Frei sein von Unwissen und stereotypischer Erstarrung.

Interessant sind Bewältigungs-Stereotypien besonders in Bezug auf den karmischen Prozess. „Karma" heißt übersetzt Tat oder Wirken. Und es wird normalerweise als Tun im engeren Sinne verstanden. Als Tun auf der grobstofflichen Ebene. Die Betrachtung von Bewältigungs-Stereotypien zeigt aber, dass zumindest ein großer Teil des Karmas durch einen Vorgang entsteht, bei dem das Karma-Wirkende erst aus dem noetischen Bereich über den psychischen Bereich in den grobstofflichen Bereich herabsteigt, um sich dann dort zu offenbaren. Ebenso verhält es sich mit der Auflösung von Karma-Manifestationen. Schauen wir mal genauer.

Eine Person hat vielleicht tatsächlich schlechte Erfahrungen gemacht – in diesem Fall ist der Realitätsbezug der daraus entstehenden Bewältigungs-Stereotypie noch am größten. Oder die Person hat irgendwelche Erfahrungen falsch interpretiert. Oder sie hat Bücher gelesen oder Filme gesehen. Oder sie hat als kleines Kind von ihrer Urgroßmutter eine Warnung mit auf den Weg bekommen.[18] Wie auch immer. Daraus ist eine Bewältigungs-Stereotypie entstanden, eine schematisierte Verhaltensweise als Reaktion auf bestimmte Menschen oder Situationen. Wenn unsere betrachtete Person nicht mit diesen Menschen oder Situationen konfrontiert ist, schlummert die Bewältigungs-Stereotypie im unterbewussten Bereich des Gedanken- und Emotionalkörpers. Es ist ein Elemental, das einen Aspekt der Alltagspersönlichkeit bildet. Da wir die Wirkungsweise von Elementalen kennen, wissen wir auch, dass sie die Tendenz haben, sich von Zeit zu Zeit durch „Ausleben" revitalisieren zu lassen. Man könnte auch sagen: „Gleich und gleich gesellt sich gern", und damit andeuten, dass die latente Verhaltensweise sich selber entweder ein sie rechtfertigendes Umfeld sucht, oder es sogar konstruiert.

Im ersten Fall könnte man sagen, dass eine Gedanken- und Gefühlsform (Elemental) allein durch ihr Bestehen bewirkt, dass unsere Person auf der grobstofflichen Ebene eine dem Elemental entsprechende, im engeren Sinne karmische Erfahrung macht, die das Elemental stärkt. Wir sehen hier Karma auf der grobstofflichen Ebene entstehen, das allein durch Gedanken und Gefühle hervorgerufen wurde. Etwas komplexer durch einen weiteren Zwischenschritt ist der zweite Fall. Das Elemental konstruiert situations- und personenunabhängig – also in einem „unschuldigen" Umfeld – in unserer Person den Eindruck, dass das Umfeld in einer dem Elemental entsprechenden Weise auf sie reagiere. Darauf reagiert die Person mit der (eigentlich unangemessenen) Bewältigungs-Stereotypie. Dadurch wird klassisch-grobstoffliches Karma in doppelter Weise produziert. Unsere Person gerät in Situationen, in denen sie mit ungerechtfertigten Bewältigungs-Stereotypien anderer Menschen konfrontiert wird und sie gerät in Situationen, in denen sie **tatsächlich** auf Menschen trifft, die ihre Bewältigungs-Stereotypie rechtfertigen. Ersteres wird auf lange Sicht

[18] Gehen wir jetzt nicht soweit, diese äußeren Einflüsse wiederum auf vorangehendes Karma zurückzuführen – was zweifellos ginge.

die der Person eigenen Bewältigungs-Stereotypien auflösen. Der zweite Fall wird sie festigen.

Leicht zu merkender Gedanke: Nicht nur durch eigene Diebestat bewirke ich Karma, welches mich zum Diebstahlsopfer macht. Auch dadurch, dass ich nur **erwarte** bestohlen zu werden, bewirke ich Karma, das eine Diebestat an mir bewirkt.

Für den Schüler gibt es zwei Möglichkeiten dieses Wissen zu überprüfen. Er kann bei sich selber Bewältigungs-Stereotypien suchen (keine Sorge, er wird sie auch finden) und sie dann in entsprechenden Situationen durch gezieltes Wollen durchbrechen. Er wird sehen, dass etliche dieser Situationen zu völlig unerwarteten und anderen Ergebnissen führen. Oder er kann – was wohl die leichtere aber riskantere Möglichkeit ist – aktiv bei sich eine positiv orientierte Bewältigungs-Stereotypie konstruieren und ihre Wirkungsweise beobachten.

Hat der Schüler dann seinen Blick für Bewältigungs-Stereotypien und ihre Wirkungsweisen geschult, sollte er sich nach und nach von ihnen befreien. Er wird aufmerksamer, offener und erfahrener durchs Leben gehen. Was anfangs als Mühe erschien, wird ihm eine Freude geworden sein.

Hyliker, Psychiker und Pneumatiker

Wie sie den Hauch empfing, das ist von Nacht umhangen.
Wir aber preisen Gott, dass sie den Hauch empfangen.
(Friedrich Rückert, 1788 - 1866)

Valentinus († nach 160) war der Gründungsvater einer der einflussreichsten und verbreitetsten gnostisch-christlichen Bewegungen der Antike. Seine Schüler verbreiteten seine Lehren und die von ihnen selbst erweiterten und umgeformten Auffassungen im Bereich des gesamten römischen Reiches und darüber hinaus. Die Geschichte der antiken Gnosis lässt sich folgendermaßen zusammenfassen. Sie entstand im ersten Jahrhundert und verschwand nach vorangehenden Auflösungserscheinungen im siebten Jahrhundert als geschichtlich nachweisbare Bewegung. Die Existenz von Valentinianern ist auch bis ins siebte Jahrhundert belegt.

Ihnen wird nachgesagt, dass sie die Menschen in drei Gruppen eingeteilt haben sollen. Sie unterschieden demzufolge „Hyliker", „Psychiker" und „Pneumatiker". Hyliker (Hyle = griechisch Stoff, Materie) würde man heute als Materialisten oder Weltmenschen bezeichnen. Psychiker waren ihrer Ansicht nach Menschen, die zu Glauben und sittlicher Einsicht fähig sind, aber nicht zur Erkenntnis Gottes. Ausschließlich den Pneumatikern (Pneuma = griechisch Hauch, Wind oder Atem) schrieben die Valentinianer den Zugang zu höchstem Wissen und direkter Gotteserkenntnis zu.[19] Diese Einteilung ist aber letztlich zeitlos und allgemeingültig. Es fällt nicht schwer, die drei Gruppen in der Gegenwart wiederzufinden. Wir können also durch die Brille der Gnosisbetrachtung auf andere Bereiche in Vergangenheit und Gegenwart schauen.

Als das Christentum entstand - und über die ersten 50 Jahre nach Christi Tod wissen wir nichts Sicheres - bildeten die christ-

---

[19] Überliefert ist dies - wohl resultierend aus dem Unverständnis der Überlieferer - als starres System, uns scheint es aber wahrscheinlicher eine Augenblicksbeschreibung mit fließenden Übergängen gewesen zu sein (siehe hierzu die Betrachtung „Tote, Schläfer und Erwachte").

lichen Psychiker und Pneumatiker praktisch eine Einheit. Über die prozentuale Verteilung können wir wenig sagen, aber es hat wohl schon früh eine Tendenz zugunsten der Psychiker gegeben, da sie einfach die größere Gruppe Interessierter gebildet haben dürften. Gesellschaftlich vorherrschend waren jedoch die staatstragenden Kräfte Roms, die in einem nicht atheistischen Sinne Hyliker waren, aber durch ihre weltzugewandte Grundhaltung als solche betrachtet werden können. Ich opfere dem Neptun eine Henne und er lässt mich meine Seereise unbeschadet überstehen. Das ist eine sehr weltliche Form von Religiosität, eine hylische Form. Mit dieser Gruppe sollte das frühe Christentum bald in Konflikt geraten.

Aber auch intern wurden die Konflikte zwischen Psychikern und Pneumatikern größer. Einerseits waren die Pneumatiker eine starke Inspirationsquelle für das Christentum und andererseits waren die Psychiker für die Pneumatiker ein Anlass, permanent darum zu ringen, sich verständlich zu machen - also Schläfer zum Erwachen anzuregen. Dadurch verschafften sie sich wiederum selber größere Klarheit. Doch gleichzeitig nagte etwas am guten Verhältnis zwischen Psychikern und Pneumatikern. Die Pneumatiker beharrten darauf, dass es ein tieferes, spirituelles Verständnis der christlichen Botschaft gäbe, das man sich erarbeiten müsse und das man haben könne, wenn man nur richtig wolle. Und die Psychiker schufen sich nach und nach eine Theologie, die es ihnen ermöglichte, in ihrem Psychikerglauben zu verharren und sogar die pneumatischen Positionen als ketzerisch zu brandmarken. Der Mechanismus dahinter ist einfach. Nur wenige Menschen haben die Reife und Stärke, sich vorhalten zu lassen, dass sie bestimmte Aussagen und Zusammenhänge nicht verstehen würden. Nicht viele reagieren auf solch eine Vorhaltung mit intensiviertem Forschen und Mühen. Die meisten Menschen reagieren darauf mit Abwehr, selbst wenn die Aussage möglicherweise oder offensichtlich richtig ist.

Schon im zweiten Jahrhundert begann sich die sogenannte Alte Kirche[20] organisatorisch und theologisch zu festigen. Die Gnostiker wurden mehr und mehr als Häretiker ausgegrenzt. Dadurch wurden sie gezwungen – obwohl sie sich selber als Christen begriffen und sich auch so nannten – eigene Gruppen und Organisationen zu bilden, die in zunehmender Konkurrenz zur Mainstream-Kirche standen. Als Kernzeit der eigentlich für beide Seiten auf ihrem jeweils eigenen Gebiet fruchtbaren Auseinandersetzung kann man die Zeit zwischen 150 n. Chr. und 250 n. Chr. ansetzen. Bei den Christenverfolgungen von staatlicher Seite wurde aber nicht zwischen den christlichen Gnostikern und anderen Christen unterschieden.

Beim Aufbau ihrer Theologie orientierte sich die Alte Kirche einerseits mehr und mehr an der platonischen Philosophie und baute andererseits gnostische Positionen in ihr Glaubenssystem ein. Durch weniger striktes und weltabgewandtes Auftreten als die Gnostiker, war die Alte Kirche für eine breitere Basis attraktiv. Hier entschied sich die Alte Kirche gegen die Spiritualität der Pneumatiker für die Stärkung der eigenen Psychiker-Position und das Sich-Andienen gegenüber den Hylikern, die ja auch auf einfachem Niveau durchaus „religiöse" Bedürfnisse haben können. Man kann das mit der heutigen Situation der Großkirchen vergleichen.[21] Mit dem Verbot der heidnischen Kulte im Jahre 354 n. Chr. und der Erklärung des Christentums zur Staatsreligion 380 n. Chr. kam die Kirche schließlich endgültig in die Position, mit der „ungeliebten Schwester Gnosis"[22] aufzuräumen.

Schauen wir uns einmal die Dynamik der Gruppen untereinander an. Jede Gruppe wird das Bestreben haben, sich zu behaupten. Die Gruppe der Pneumatiker wird dies berechtigterweise nur durch den tatsächlichen spirituellen Wert ihrer Lehren können, da sie getreu der 95%-Regel die kleinste Gruppe darstellen. Als abwärtsgerichtete Auflösungstendenz könnte man Teile der

[20] Für die westliche Kirche die Kirche bis zum Untergang des (west-)römischen Reiches.

[22] Kurt Rudolph

[21] Das teils tiefe religiöse Leben der einfachen Kirchenmitglieder findet man in ihnen kaum noch. Die Kirchen sind in erster Linie karitative Organisationen, die Rentner-Kaffee-Treffen, Babykrabbelgruppen und konfessionelle Kindergärten betreiben und lediglich zu Weihnachten, zu Ostern oder bei der kirchlichen Trauung den stimmungsvollen

Psychiker annehmen, die die Inhalte der Pneumatiker für sich beanspruchen, ohne sie tatsächlich zu repräsentieren – oder aber Teile der Pneumatiker, die sich in Selbstüberschätzung verstricken und dadurch zu Psychikern herabsinken.

Das Wechselspiel zwischen Psychikern und Hylikern hängt von den gesellschaftlichen Bedingungen ab. Die Vorgaben können variieren zwischen theokratischen, materialistischen und nominell „offenen" Gesellschaften – und allen Kombinationsformen dieser drei. Generell aber kann man sagen, dass die latente Versuchung für die Psychiker immer ist, sich in den Dienst der Masse zu stellen, um eigennützige materielle Vorteile daraus zu ziehen. Dies bewirkt ein Absinken und macht den Psychiker selber zum Hyliker. Andererseits sind die Psychiker durch pneumatische, spirituelle Inhalte grundsätzlich erreichbar. Auch die Kirche hat diese ihr selbst innewohnenden Inhalte nie völlig verdrängen können oder wollen. Durch alle Jahrhunderte hindurch hat es in ihr und auch in allen anderen organisierten Religionen immer wieder große Pneumatiker gegeben, die sich allerdings durch organisatorische Unterordnung in den psychisch-hylischen Überbau haben einbinden lassen müssen. Entweder haben sie das zu Lehrzwecken billigend in Kauf genommen, oder sie haben dies aus einer Tendenz zum Absinken heraus getan. Wir vermuten aber, dass letzteres nur selten der Fall war.

Hyliker haben wie gesagt einfache religiöse Bedürfnisse. Sie sind eher kulturell begründet und haben sich in rein materialistischen Gesellschaften ohne große Probleme auf areligiöse Zeremonien übertragen lassen. Ansonsten ist man eben beispielsweise evangelisch, weil man so getauft wurde und weil schon die Eltern evangelisch waren.

Wozu aber diese Überlegungen? Am Beispiel der antiken Gnosis kann man generell die gesellschaftlichen Dynamiken verstehen (groken) und sehen, warum es (auf absehbare Zeit) keine idealen

Hintergrund für das Leben der Weltmenschen bieten. Dafür bringen diese als Gegenleistung die Kirchensteuer in die Kassen der Kirchen. Ein typisches Hyliker-Arrangement. Auch die kirchliche Hierarchie stellt lediglich einen quasi-beamteten Hyliker-Apparat dar. Von wenigen Ausnahmen abgesehen gibt es kaum noch „berufene" Priester.

Endzustände gibt. Das Ganze ist ein offenes, multidirektionales System, das sich sich wandelnd durch die Zeit bewegt. Millionen werdende, bestehende und vergehende Wesen lassen Stabilität nicht entstehen. Aber besonders faszinierend ist, dass wir erkennen können, dass die individuellen Dynamiken von Einzelpersonen sich direkt auf Gesellschaften übertragen lassen. Das heißt: Von weit genug oben betrachtet wirkt die Dynamik innerhalb einer Gesellschaft genauso wie die innerhalb einer Person. Auf beides schauend können wir über beides etwas lernen.

Der Hyliker und der Psychiker entsprechen dem grobstofflichen und dem psychonoetischen Körper und seinen Bedürfnissen. Der Pneumatiker stellt das höhere Selbst beim Versuch dar, die Alltagspersönlichkeit zu dominieren. Der „innere Hyliker" korrumpiert den „inneren Psychiker" durch die von ihm selbst repräsentierte animalische Ebene, durch grobstoffliche Bedürfnisse. Sich selbst korrumpiert der „innere Psychiker" durch seine wellness-esoterischen Bedürfnisse, Wohlfühlen, schöne Gedanken machen, sich für besonders und besser halten – und nicht zuletzt, durch sein Andienen an den „inneren Hyliker". Die Chance des „inneren Psychikers" ist, dass er sich statt nach unten, nach oben ausrichtet und beginnt, auf den „inneren Pneumatiker" zu hören und der Versuchung zu widerstehen, immer wieder zu versuchen, ihn in sich selber zu integrieren. Der „innere Pneumatiker" kann nicht zum Knecht des „inneren Psychikers" werden. Sobald man das versucht, wird er selbst zum „inneren Psychiker". Immer sollte der „innere Psychiker" der Diener des „inneren Pneumatikers" bleiben. Der „innere Psychiker" muss sich ganz und ausschließlich in den „inneren Pneumatiker" integrieren. Nur darin kann er seine Freiheit gewinnen. Des Dieners Diener ist des Herren Herr.

Fünfundneunzig, fünf und fünf von fünf

Die physikalischen Gesetze sind in allen Bereichen des
grobstofflichen Universums gleich.
Die geistigen Entwicklungsgesetze unterscheiden sich von
Welt zu Welt entsprechend ihrem Entwicklungsstand.
Unsere Welt ist eine Grundschulklasse — und zwar nicht
eine dritte oder vierte.
(„Der brennende Acker")

Wir betrachten Menschheit als kosmisches Phänomen, nicht nur
als die dominierende Primatenart auf unserer Welt. Menschheit
als spiritueller Begriff bezeichnet Gruppen von ewigen, unsterblichen Erzengelwesen, die sich durch Inkarnieren in den stofflichen
Welten eine Zusatzqualifikation erwerben wollen. Sie besteht in
einer auf allen Ebenen bewussten Persönlichkeit und in der Herrschaft über alle Bereiche der Trennungswelten. Der Weg dorthin

ist allerdings aus der Sicht einer Alltagspersönlichkeit lang. Wir rechnen mit hunderten und tausenden von Inkarnationen, wobei die tatsächliche Anzahl nach oben hin im Grunde offen ist, da sie wesentlich vom Lernwillen der Individuen abhängig ist.

In einem grobstofflichen Universum, das (um einmal glatte Zahlen zu benutzen) einhundert Milliarden Galaxien umfasst von denen jede aus durchschnittlich einhundert Milliarden Sonnen besteht, gibt es eine Unzahl von Welten, die Leben ermöglichen. Viele von ihnen bringen auch intelligentes Leben hervor. Ob dieses humanoid sein muss, oder ob es sich in sehr unterschiedlichen Formen und Größen äußert, ja sogar ob Sauerstoff und Wasser zu seinem Entstehen notwendig sind, wollen wir hier außer Acht lassen. Mensch-Sein wie wir es verstehen ist eine Frage des Inhaltes und nicht der äußeren Gestalt. Insofern lassen wir alle Theorien bezüglich der Form als denkbar, aber für unsere Überlegungen unwesentlich, nebeneinander stehen.

All diese Welten lassen sich als Schulklassen sehen, in denen „Menschheiten" entsprechend ihrem geistigen Entwicklungsniveau und unter diesem Niveau angepassten Bedingungen den Karma-Pfad beschreiten, der sie zu immer höherem Erwachen und schließlich zur Theose führt. Gehen wir im grobstofflichen Universum einmal von zwanzig verschiedenen Klassenstufen aus, so unterscheiden sie sich einerseits im Klassenziel, und andererseits in den Rahmenbedingungen. Letztere werden durch die Feineinstellung der beiden entwicklungsfördernden Faktoren Karma und Gnade vorgegeben.[23] Die Erde betrachten wir als eine sogenannte Fünfundneunzig-Prozent-Welt. Das ist eine niedrige Klassenstufe, auf der Karma und Gnade folgendermaßen eingestellt sind: Von jeder bösen Tat werden durch göttliche Gnade fünfundneunzig Prozent der negativen karmischen Reaktion erlassen und jeder guten Tat wird durch göttliche Gnade das neunzehnfache zur positiven karmischen Reaktion hinzuge-

[23] vergleiche: Karma, Gnade und Aufmerksamkeit

geben – die Tat selbst als fünf Prozent gesehen also ein fünfundneunzigprozentiges Plus. Ohne solch ein hohes Gnadenniveau könnte die Menschheit dieses Planeten keinen Bestand haben. Es ist wichtig, dies in allen Details zu durchdenken, auch wenn es auf den ersten Blick seltsam erscheinen mag.

Im Grunde gleicht es den Unterschieden, die wir bei der Bewertung der Taten eines Menschen zwischen Geburt und Erwachsenenalter vornehmen. Wir haben, orientiert am Entwicklungsalter, ein feines und unausgesprochen gültiges System von graduellen Unterschieden in der Bemessung von Lob und Tadel als Reaktion auf das jeweilige Tun. Ein krakeliges Bild von einem Zweijährigen wird von seiner Umgebung begeistert gefeiert. Das motiviert das Kind zu weiteren Bemühungen. Einen Erwachsenen würde man mit solch einem Resultat seiner zeichnerischen Versuche zweifellos zum Arzt schicken. Bei einem Kleinkind, das die Vorhänge der Wohnung mit den dummerweise (?) von den Eltern liegengelassenen Streichhölzern entzündet, wäre man froh, wenn man es unversehrt aus der Wohnung retten könnte. Ein Erwachsener könnte, je nach Tragweite des Resultates, sogar mit einer mehrjährigen Haftstrafe rechnen.

Dies erklärt, warum das Leben auf der Erde für so viele Menschen über so lange Zeiträume relativ friedlich und angenehm ist – obwohl die Weltbevölkerung spirituell wenig entwickelt und beinahe ausschließlich dem Egoismus verfallen ist. Trotzdem verschärfen sich die Rahmenbedingungen seit einigen Jahrhunderten immer mehr. Hemmungslose Ausbeutung der irdischen Ressourcen und ungehemmtes Bevölkerungswachstum in Verbindung mit einem Wirtschaftssystem, das auf beständiges Wachstum ausgerichtet ist, werden im begrenzten System „Erde" immer schwerere Schäden anrichten und schließlich in absehbarer Zeit den Lebensraum weitgehend oder völlig zerstören und das menschliche „Miteinander" global in ein grausames Gegeneinander verwandeln.

Wir begreifen diesen Prozess als die Abschlussprüfungen des Jahrgangs. Jetzt entscheidet sich, welche Individuen das Klassenziel erreicht haben, welche mit einem zugedrückten Auge mitversetzt werden und welche das Schuljahr wiederholen müssen. Wir nennen diese Zeit auch den Zensus[24] und gehen davon aus, dass sich das Ergebnis in der für diesen Planeten gültigen 95-Prozent-Regel widerspiegeln wird. Fünfundneunzig Prozent werden die Prüfungen nicht bestehen und daher „sitzenbleiben". Fünf Prozent werden in die nächsthöhere Klasse versetzt werden und nur fünf Prozent von diesen fünf Prozent werden tatsächlich mit Bravour das Klassenziel erreicht haben.

Fünf Prozent von fünf Prozent erscheint auf den ersten Blick erschreckend wenig, aber gehen wir einmal von einer Weltbevölkerung von sieben Milliarden am Tag der Zeugnisvergabe aus, so blieben zwar 6,65 Milliarden sitzen, aber andererseits würden 350 Millionen versetzt und 17,5 Millionen hätten sogar einen erstklassigen Abschluss. Das ist doch eine beachtliche Zahl, denn all jene sind qualifiziert als spirituelle Lehrer der Sitzenbleiber und der 332,5 Millionen aus Gnade Versetzten. Zwar sind sie nur relative Meister und keine Vollendeten und sie werden in der nächsten Klasse selber vor neuen Aufgaben stehen, aber trotzdem sehen wir viel Raum für allerlei Hoffnung.

Die Sitzenbleiber werden entweder weiter auf diesem Planeten inkarnieren, oder – falls diese Welt dann für Menschenleben ungeeignet sein wird – auf einer anderen Welt die Schulklasse erneut beginnen. Die 350 Millionen Versetzten werden, vielleicht zusammen mit anderen Versetzten anderer Welten oder Sitzengebliebenen höherer Klassen, eine neue Klassenstufe bilden und künftig auf einer anderen, entsprechenden Welt inkarnieren, um dort weitere Lektionen für ihren spirituellen Weg zu durchleben. Dann wahrscheinlich auf einer Neunzigprozentwelt mit einer Neunzigprozentregel.

[24] nach lat. Census für Begutachtung, Schätzung – heute benutzt im Sinne von Volkszählung.

Alltagspersönlichkeit und höheres Selbst

„Brahman, die universale Essenz, ist das Allem innewohnende Selbst.
Es ist wahrlich die Wirklichkeit von Leben und Erleuchtung.
Wenn der Mensch Brahman erkennt, wird er erleuchtet. Es gibt keinen
Weiseren als den, der die innere Göttlichkeit erkannt hat.
Er verrichtet alle täglichen Arbeiten als Ausdruck seines göttlichen Selbst
und seine Freude ist von Universeller Liebe durchdrungen."

(Mundaka-Upanishad III:1/4)

Die Mundaka-Upanishad spricht von Brahman, dem absoluten Selbst. Wir wollen uns hier mit der Alltagspersönlichkeit und
dem höheren Selbst auf individueller Ebene auseinandersetzen.
Dies wird im hinduistischen Kontext Atman genannt und entspricht qualitativ aber nicht quantitativ Brahman. Wie sieht Erleuchtung auf der Alltagspersönlichkeits-Ebene aus?

Abb. 1

Nehmen wir einen Kreis (Abb. 1). Das graue Innere des Kreises stellt die Alltagspersönlichkeit dar. Das weiße Äußere stellt
das höhere Selbst dar und ist in dieser Betrachtung als unbegrenzt
dargestellt – worüber man diskutieren könnte.[25] Der schwarze
Rand des Kreises stellt die im Grunde künstliche Trennung von

Alltagspersönlichkeit und höherem Selbst dar, die durch die Ego-Fixierung hervorgerufen wird und eigentlich nur eine Aufmerksamkeits-Grenze ist. Das folgende Bild (Abb. 2) zeigt in der grauen Fläche der Alltagspersönlichkeit einen hellen Bereich. Dies soll einen Bereich der Bewusstheit innerhalb der Alltagspersönlichkeit darstellen. Es ist unwahrscheinlich, dass es überhaupt gesunde Menschen geben kann, die vollständig unbewusst sind. Darum ist das vorausgehende Bild eigentlich nur ein theoretisches Konstrukt, das der Erläuterung dient. Trotzdem sind die meisten Menschen nicht sehr bewusst. Es gibt einzelne Momente intensiven Erlebens und des Eindrucks einer starken Ich-Identität, aber den größten Teil ihrer Zeit verbringen viele Menschen in einem unbewussten Dämmer, in dem ihre Aktionen vor allem Reaktionen auf ihre Umwelt sind.

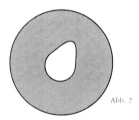

Abb. 2

Wenn aber eine bestimmte „Menge" an Bewusstheit auftritt, kommt es zur sogenannten „Ersten Erleuchtung" (Abb. 3). Es ist das Erwachen auf Alltagspersönlichkeitsebene bei dem der Erwachte sich künftig nicht mehr als im Grunde fremdbestimmt erlebt und sich nicht mehr hauptsächlich durch seine Spiegelung in seiner Lebensumwelt definiert fühlt. Skeptiker gehen davon aus, dass dies schon bei nur fünf Prozent bewusster Lebenszeit/Alltagspersönlichkeitsaspekte geschieht. Sie orientieren sich dabei an der 95-Prozent-Regel. Optimisten hingegen sagen, das Erwachen träte bei mehr als 50 Prozent bewusster Zeit auf.

Schwer zu sagen, welcher dieser Ansätze zu bevorzugen wäre. Ehrlich gesagt: Es ist sogar schwer zu sagen, warum eigentlich die einen Skeptiker und die anderen Optimisten genannt werden – und nicht umgekehrt, oder?

Abb. 3

Wenn der Bereich der Bewusstheit die Grenzen der Alltagspersönlichkeit überschreitet und in den Bereich des höheren Selbstes vorstößt (Abb. 4), bahnt sich ein erneuter Bewusstseinswandel an. Auch hier muss man einschieben, dass es wahrscheinlich keine Alltagspersönlichkeiten gibt, die gar keinen Kontakt zum höheren Selbst haben. Schließlich kommen durch diese Berührungen Phänomene wie ein schlechtes Gewissen oder ein aufblitzendes Wissen um richtig oder falsch zustande. In der Regel sind diese „Ausrutscher" aber für die Alltagspersönlichkeit bedeutungslos und werden schnell unterdrückt oder seltener integriert – was zu Wachstum auf der Alltagspersönlichkeitsebene führt.

Abb. 4

Der Bewusstseinswandel jedenfalls kann sich schleichend anbahnen und kaum bemerkt werden. Aber häufig kommt es auch zu einem Aufblitzen von Erkenntnis, da man aus der Perspektive des höheren Selbstes erstmals auf Teile der Alltagspersönlichkeit blickt und deren Begrenztheit und Formbarkeit erkennt. Dies ist eine Frühform der zweiten Erleuchtung und wird auch kleines Satori genannt. Die Grenze zwischen Alltagspersönlichkeit und höherem Selbst wird im Bereich der Überschreitung als transparent erkannt. Die manchmal auftretenden Glücksgefühle können Stunden oder Wochen anhalten – werden aber nach und nach zur Gewohnheit und schleifen sich dadurch ab. Trotzdem kann es zu einer weitreichenden Neuorientierung kommen.

Im Laufe der Zeit festigt sich die zweite Erleuchtung und weitet sich aus (Abb. 5). In Teilbereichen kann die Person schon weit in das höhere Selbst vorstoßen. Dadurch kommt es zu weiteren Erleuchtungserlebnissen und zu weiteren Wandlungen im Bereich der Alltagspersönlichkeit, da diese den Einflüssen des höheren Selbstes immer stärker offensteht. Bleiben aber Teile der Oberfläche unreflektiert, undurchdrungen, verbleiben diese als störende Anhaftungen und können Fortschritten zunehmend im Wege stehen.

Abb. 5

Erst wenn die Bewusstheit überall die Grenzen der Alltagspersönlichkeit überschritten hat (Abb. 6), kommt es tatsächlich zur Vollendung der zweiten Erleuchtung. Die Person erkennt vollständig ihre Wesensidentität mit dem höheren Selbst, erkennt sich als höheres Selbst. Wenn dieser Zustand schlagartig kommt, so ist die daraus resultierende Freude um ein vielfaches größer als bei den Frühformen – und vor allem: Sie ist dauerhaft! Die Freude weicht nicht mehr.

Abb. 6

Zwei Aufgaben aber bleiben noch zu erledigen. Und beide sind recht weitreichend und also nicht mal eben so zu erledigen. Die Modifikation der Alltagspersönlichkeit muss fortgesetzt werden und der Bereich der Bewusstheit auf der Ebene des höheren Selbstes muss ausgedehnt werden (Abb. 7).

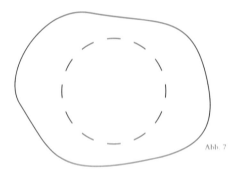

Abb. 7

Ein letzter Punkt ist interessant, eine vollständige zweite Erleuchtung einer Person A kann unter Umständen kleinere Bereiche des höheren Selbstes abdecken, als die unvollständige zweite Erleuchtung einer Person B, die ungleichmäßig in die Bereiche des höheren Selbstes vorgestoßen ist und dabei in einzelnen Richtungen sehr weit gekommen ist. Um die Person A muss man sich keine Sorgen machen (oder man muss sie sich aus gänzlich anderen Gründen machen), aber die Person B läuft Gefahr, sich aufgrund der Restanhaftungen und der gleichzeitigen weiten Entwicklung erneut zu verwechseln und den Sprung in die Freiheit nicht vollziehen zu können.[26]

[26] Solche Personen machen, dass die Meister sich nachts schweißüberströmt auf ihren Lagern wälzen.

Nichtlineare Felder

Unwissend stehe ich hier - mit Wissen getarnt
- es ist ja doch keiner zuhause.
Trittst du näher ans Licht, stehst du weiter entfernt im Schatten.
Was vorher dünn und schmal, ist plötzlich sehr nützlich.

(Durchbruchsgedicht des Clemens Satorius)

Suchender! Wenn Du nach intensiver Bemühung ein wenig über das Wesen des grobstofflichen Körpers, des Gefühlskörpers und des Gedankenkörpers begriffen hast, dann hast du auch erkannt, dass das Denken aufgrund seiner linearen Beschränktheit letztlich nicht geeignet ist, höhere Wahrheiten in ihrer Komplexität zu durchschauen. Lediglich isolierte Einzelaspekte sind so herauszugreifen. Du kannst dir aber eine neue, höhere Fähigkeit erarbeiten. Nennen wir sie Denken–hoch–zwei, groken oder Mit-dem–höheren–Selbst–sehen.

Der erste Schritt dorthin ist das Verstehen nichtlinearer Felder. Nichtlineare Felder sind scharf umgrenzte Ausschnitte nichtlinearer Ebenen. Nichtlineare Ebenen können in unendlicher Anzahl übereinander liegen und nichtlineare Räume bilden. Diese sind bei genauerer Betrachtung wiederum eigentlich Bestandteile eines nichtlinearen Raum-Zeit-Kontinuums. Nichtlineare Räume lassen sich noch groken. Vielleicht auch ein nichtlineares Raum-Zeit-Kontinuum. Alles darüber hinaus lässt sich auf unserer Entwicklungsstufe nicht einmal mehr benennen...

Vielleicht betrachten wir einmal ein einfaches nichtlineares Feld. Vergiss dabei nicht, dass wir uns dem hier zwangsläufig sprachlich nähern. Sprache ist aber wiederum eine intellektuelle Funktion. Versuche die sprachliche Annäherung als Hinweis auf etwas Höheres zu begreifen, dem du dich öffnest, ohne an den Einzelaspekten hängenzubleiben. Versuche, das ganze Feld gleichzeitig zu überblicken und alle Implikationen gleichzeitig zu erfassen. Gelingt dir das, so grokst du!

Und hier das Beispiel: Alle Menschen wollen wahrgenommen und geliebt werden. Vermittle einem Mitmenschen, dass du ihn wahrnimmst und liebst, und er wird dich in der Regel als sehr sympathisch empfinden. Das gilt sehr wahrscheinlich genauso für dich, wenn jemand auf dich den Eindruck macht, er nehme dich wahr und liebe dich. Menschen wahrzunehmen und zu lieben sind für den spirituellen Schüler zu entwickelnde Fähigkeiten, wobei er allerdings streng darauf achten muss, dass es dabei nicht darum geht, sich selbst Vorteile zu verschaffen[27]. Je weiter ein Schüler bei der Entwicklung dieser Fähigkeiten voranschreitet, desto mehr überwindet er seine Unfähigkeit Menschen wahrzunehmen und zu lieben. Gleichzeitig muss er aber beginnen, eine weitere Fähigkeit zu entwickeln: die Fähigkeit **nicht** wahrzunehmen und **nicht** zu lieben! Warum das? Weil die uneingeschränkte Fähigkeit wahrzunehmen und zu lieben eine einseitige Behinderung darstellte, die nur darin gipfeln würde, dass man von seiner Umwelt aufgezehrt werden würde. Ein entwickelter Meister mit der Fähigkeit vollkommen unegoistisch zu lieben und vollkommen umfassend wahrzunehmen besitzt ebenso die absolute Freiheit und Fähigkeit, dies nicht zu tun. Und – Gipfel der Nichtlinearität – warum letzteres? Aus Liebe und wegen der Fähigkeit wahrzunehmen.

Wenn man solch ein nichtlineares Feld überblickt und versteht, so kann man beginnen, über den „Rand" solch eines Feldes hinauszublicken. Man blickt auf die nichtlineare Ebene und erkennt angrenzende nichtlineare Felder.

Auch dafür ein Beispiel: Wodurch kannst du schlagartig beenden, dass ein Durchschnittsmensch dich sympathisch findet, weil er sich von dir wahrgenommen und geliebt fühlt? Indem du ihn kritisierst! Das ist beinahe todsicher und weist auf ein angrenzendes nichtlineares Feld hin. Indem der Schüler lernt zu lieben und wahrzunehmen wird er zunehmend frei von dem verzweifelt starken Bedürfnis vieler Menschen, wahrgenommen und geliebt zu werden. Dieses Bedürfnis ist umso stärker, je weniger der Einzelne sich selber wahrnimmt und liebt. Würde er sich wahrnehmen wie er ist, könnte er sich schwerlich lieben, liebt er sich, so nur in Form von ausgeprägtem Egoismus, also quasi nach außen gerichtet. Darum braucht er andere, die dies für ihn tun – selbst, wenn er dazu massive Selbsttäuschungskräfte mobilisieren muss, denn die Anderen sind ja auch ausgeprägte Egoisten... Ein klassischer Teufelskreis. Davon befreit sich der Schüler, indem er sich selbst liebenswert und wahrnehmenswert macht, sich selber liebt und wahrnimmt und allgemein Lieben und Wahrnehmen lernt. Weitere positive Begleiterscheinung: er wird kritikfähig. Kritik wird nicht mehr als Angriff erlebt, sondern als positiver Impuls, denn wer selber sein tiefblickendster Kritiker ist, und diese Selbstkritik zur Weiterentwicklung nutzt und ihre segensreiche Wirkung erfahren hat, braucht Kritik von außen nicht zu fürchten. Kritikfähig zu sein bedeutet, wirklich geliebt werden zu können. Der Schüler erhält alles was er anfangs ersehnte, indem er sich von der Sehnsucht befreit.

Wenn du dies verstehst bist du, obwohl du am Anfang stehst, weit gekommen. Kultiviere deine Fähigkeit nichtlineare Felder zu beobachten. Du wirst sie nach kurzer Zeit überall um dich herum beobachten können. Und ohne den Nutzen des linearen Intellekts in seinem Bereich wegdiskutieren zu wollen, ist seine Benutzung als angeblich höchstes Erkenntnisprinzip für dich dann sicher beinahe lächerlich kindisch geworden. Fast wie der Versuch, mit einem Schraubenzieher eine Schraube herauszudrehen, die fest in den Holzgriff eben dieses Schraubenziehers eingeschraubt ist.

Karmische Drift

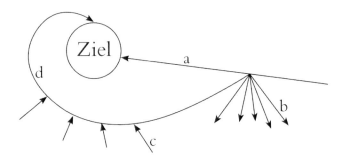

Die Idealvorstellung von der Form unserer spirituellen Reise in den Welten der Trennung ist, dass wir – ausgerichtet auf Gott und im Wissen um unsere eigene göttliche Herkunft – mit unserer dreifachen Verkörperung in diesen Trennungswelten ihre Gesetze verstehen lernen und uns als Individuen innerhalb einer Vielheit erkennen, ohne mit dieser Vielheit in Widerspruch zu geraten.

Es ist denkbar, dass es Wesenheiten gibt, die von Anfang an nicht in die Identifikation oder gar die Verwechslung mit der Verkörperung hineingeraten. Möglicherweise ist dies aber auch ein zwangsläufiger Prozess, doch dazu etwas mehr am Ende. Fakt ist jedenfalls, dass wir auf dieser Welt von einer schwer zu überschauenden Masse von Menschen umgeben sind, die zutiefst in der Verwechslung stecken. Um diese zur Erkenntnis zu führen, ist das Karma-Prinzip mit allen unseren Bewegungen in den Trennungswelten verflochten. Dabei wirkt Karma nicht als gleichförmiger mechanischer Druck, sondern angepasst an die Ausrichtung und das Entwicklungsniveau des zu formenden Individuums gerade **durch** die Ausrichtung und das Niveau. Diese Anpassung kann man auch Gnade nennen. Gnade ist das zweite Prinzip, das uns in den Welten der Trennung hilft. Gnade führt jedoch nicht, sondern macht dauerhafte stoffliche Existenz erst möglich. Die

Mischung aus Karma und Gnade bewirkt etwas, das wir „Karmische Drift" nennen. Zur Verdeutlichung betrachten wir die obige Grafik, die zwangsläufig zweidimensional ist, aber zum besseren Verständnis auch dreidimensional betrachtet werden sollte.

Der senkrecht auf dem Ziel stehende Pfeil (a) steht für die unendliche Vielzahl von denkbaren Pfeilen, die senkrecht auf einem Kreis bzw. einer Kugel stehen können. Diese unendliche Zahl steht für die unendlich vielen individuellen Ausgangspunkte. Darüber hinaus gibt es natürlich neben der senkrechten „Hinbewegung" noch die senkrechte „Wegbewegung" vom Ziel. Gleichwohl stellen die senkrechten Bewegungen nur Ausnahmefälle dar. Unendlich viele Möglichkeiten (b) gibt es zwischen der senkrechten „Wegbewegung" und der senkrechten „Hinbewegung". Auch bezüglich der karmischen Drift stellen die senkrechten Bewegungen Idealfälle dar, denn im einen Fall gibt es den perfekten, geraden Rückenwind, im anderen Fall den perfekten Gegenwind.

Die Qualität des Windes lässt sich definieren. Der perfekte Gegenwind entspricht einem hundertprozentig „negativen" Karma. Der perfekte Rückenwind einem hundertprozentig „positiven" Karma. Auch daraus kann man entnehmen, wie selten senkrechte Bewegungen sind, denn sie entsprächen vollkommen schlechten bzw. vollkommen guten Menschen.

Ebenso kann etwas über die Quantität des Windes gesagt werden. Stellen wir uns dazu eine unendliche Zahl von Kreisen mit dem Mittelpunkt „Ziel" vor. Auf jeder einzelnen Kreisebene ist der Winddruck gleich – allerdings abhängig von der Bewegungsrichtung (b) unterschiedlich stark aus negativem und positivem Karma zusammengesetzt. Von der innersten zum äußersten Kreisebene jedoch nimmt der karmische (Wind-)Druck beständig zu. Auf einer denkbaren unendlich fernen Ebene ist der Druck unendlich groß, auf der unendlich nah am Ziel gelegenen Ebene unendlich gering.

Denkt scharf nach! Die Richtung des Windes ist **immer** senkrecht **zum** Ziel (c), da er uns auf eben dieses Ziel hinweisen soll. Unsere Bewegungsrichtungen sind unendlich vielfältig. Durch den karmischen Druck wird **jede** Bewegungsrichtung Richtung Ziel abgelenkt (d). Aus der Summe von Bewegungsrichtung und karmischem Druck entsteht die karmische Drift. Sie ist der höchstmögliche Ausdruck, den das göttliche Versprechen unserer schlussendlichen Errettung in den Welten der Trennung finden kann.

Bewusstheit und Überbewusstheit eröffnen weitere Möglichkeiten. Wir können aktiv an unserer Ausrichtung arbeiten. Dadurch verändern wir die Zusammensetzung des karmischen Drucks. Karma ist also kein festgeschriebenes Gesetz, sondern im Gegenteil höchst flexibel. Wir können uns mehr und mehr vom Leid befreien und reichen Segen auf allen drei Verkörperungsebenen ernten.

Zuletzt verdeutlicht die Grafik eine wichtige Frage: Wie konnte es sein, dass wir – kommend aus der Vollkommenheit – uns so in den Trennungswelten verfingen und verirrten? Man kann sagen, dass wir am Anfang unserer Mission in den Welten der Trennung aus dem „Ziel" hervorgingen. Allerdings ohne die gewünschte Zusatzqualifikation „Mensch" mit individuellem Bewusstsein und Herrschaft über die dualen/polaren Ebenen. Beim Hervortreten **aus** dem „Ziel" war, wie oben beschrieben, der karmische Wind absolut minimal und nahm an Intensität nur langsam und mit wachsender Entfernung vom „Ziel" zu. Bevor wir also recht mit den Windqualitäten vertraut wurden, blieb viel Zeit für Sich-Entfernen, Verwechslung und Identifikation. Damit begann der Kampf mit den äußeren Umständen und der Ausgangspunkt geriet außer Sicht...

Das Murmeln

Weniger ist mehr. <small>(geflügeltes Wort)</small>

Ein wesentlicher Bestandteil der Alltagsmühen der Menschen ist das Bemühen um Kontrolle. Kontrolle in jeder Form. Kontrolle geht in Manipulation über. Man könnte vielleicht dahingehend unterscheiden, dass Kontrolle sich auf Gegenständliches bezieht und Manipulation dann stattfindet, wenn man versucht, Lebendiges zu kontrollieren – besonders andere Menschen. Manipulation ist also der Versuch, etwas zu kontrollieren, das einen mehr oder weniger stark ausgeprägten eigenen Willen hat.

Das Wort „Manipulation" kommt vom lateinischen Wort für „Handgriff" und ist gleichbedeutend mit dem Wort „Handhabung" - wird aber im modernen Sinne vor allem als **verdeckte** Einflussnahme betrachtet. Wem gegenüber ist die Einflussnahme verdeckt? Natürlich vor allem gegenüber denen, auf die der Einfluss ausgeübt wird. Besser noch, wenn sie auch eventuellen Beobachtern verborgen bleibt. Aber bei genauer Betrachtung können wir feststellen, dass die Manipulationen meist sogar so verdeckt sind, dass die Manipulierenden selbst sich ihrer Manipulationen nicht bewusst sind.

Manipulation ist bei den meisten Menschen eine Grundhaltung. Menschen haben das Bedürfnis, alles um sich herum ihren eigenen Vorstellungen entsprechend zu gestalten. Dabei gibt es unterschiedliche Typen. Der einfachste Grundtyp ist der ausgeprägte Egoist. Er möchte einfach, dass alle Menschen sich möglichst so verhalten, dass es ihm dabei gut geht. Natürlich variiert der Grundtyp entsprechend seiner manipulativen Möglichkeiten. Ist er ein roher Primitivling, wird er praktisch alles mit Gewalt und Drohung durchzusetzen versuchen. Der intellektuell gut ausgestattete, feinfühlige Mensch hat weniger plumpe Werkzeuge zur Verfügung. Vom ausgeprägten Egoisten führt eine Reihe von Grundtypen bis hin zum idealistischen Weltverbesserer – der allerdings als Einziger weiß, wie genau die Welt verbessert werden kann und daher zum Wohle der anderen Menschen die Führung übernehmen muss. Auch dieser Grundtyp fächert sich vom Primitivling bis zum Intellektuellen mit Feingefühl auf.

All diese Manipulatoren einschließlich der Mischformen zwischen den Extremen zeichnen sich, wie gesagt, durch ihr erstaunliches Unwissen bezüglich ihrer Manipulativität aus. Das ist schwer zu glauben, bestätigt sich aber beinahe immer, wenn man Leute auf ihr Tun anspricht. Auf der Bewusstseinsebene verleugnen sie Manipulation, indem sie sie rechtfertigen und beschönigen – was eigentlich ein offensichtlicher Widerspruch ist!

Die schlimmste Form von Manipulator ist bei sämtlichen Grundtypen und allen Einzelformen der Kontrollfreak. Er ist wie ein Mann, der mit seinen Händen fünfundsiebzig Glasmurmeln auf dem Fußboden zusammenhalten kann, aber hundert Murmeln zu halten versucht. Er steigert dabei wirklich auch seine Fähigkeit, aber jede Steigerung steigert auch die Zielmenge. Höher als der Zweck seiner Manipulation steht ihm die Manipulation an sich und die Menge der Manipulationen. Kann es denn sein, dass auch der Kontrollfreak nichts von seiner Manipulativität weiß? Ja, durch Verwechselung. Er zieht seine Identität aus seiner Manipulation. Er nennt Manipulation „Ich".

Was ist die Antithese des Kontrollfreaks? Der Loslasser! Er zieht seine Bestätigung nicht aus der Wirkung im Äußeren, sondern durch Seinsverwandlung und bewusstes Sein im Inneren. Durch Sein wirkt er dann wiederum im Äußeren. Ohne es zu wollen. Wir alle befinden uns irgendwo zwischen den Polen. Richtig ausgerichtet werden wir irgendwann alle zu Loslassern. Falsch ausgerichtet mutieren wir irgendwann zu Kontrollfreaks und müssen dann den ganzen Weg wieder zurück. Unglaubliche Zeitverschwendung.

Wiedergeburt

Es gibt keine Regeln, aber du musst lernen, sie einzuhalten.
(Gespräche der Kleinen)

Wiedergeburt wird häufig falsch verstanden. Das geschieht aus emotionalen Gründen und hat mit der Tendenz der Alltagspersönlichkeit zu tun, sich als unveränderlich und unsterblich wahrzunehmen, obwohl es kaum etwas Veränderlicheres auf der Welt gibt als sie. Um aber Wiedergeburt näher zu untersuchen, betrachten wir folgendes Beispiel:

Ein bekannter Mathematiker, der seine Reputation schon in jungen Jahren erlangt hatte, nahm an einer regelmäßig stattfindenden Einhandsegler-Regatta von Großbritannien nach Amerika teil. Er geriet in einen Sturm und wurde während seines Kampfes um sein Boot und sein Leben bei einem plötzlichen Richtungswechsel des Windes kräftig vom Baum am Kopf getroffen und über Bord gefegt. Dank seiner Rettungsweste wurde er trotz Ohnmacht über Wasser gehalten und er ertrank nicht.

Als er erwachte, befand er sich im Wasser und konnte sich an nichts erinnern. Nicht daran, wer er war und nicht daran, wie er ins Wasser gekommen war. Er hatte allerdings nicht lange Zeit darüber nachzudenken, denn er hörte Rufe und sah ein Fischerboot, das sich ihm von der Seite näherte. Nach einigem Manövrieren wurde er schließlich an Bord genommen und stellte dort fest, dass die Fischer seine Sprache sprachen. Sie nahmen ihn mit auf ihre Insel, deren Namen er freilich noch nie gehört hatte. Dort erholte er sich rasch, aber er erlangte seine Erinnerungen nicht zurück.

Statt sich aber bei erster Gelegenheit von der Insel fortbringen zu lassen, begann er sich der Dorfgemeinschaft in dem kleinen

Fischerort anzuschließen. Den Menschen dort war er willkommen, denn er scheute die Arbeit nicht und lernte schnell. Nach einigen Jahren fragte er sich nicht einmal mehr, woher er gekommen war. Er hatte sich eine gänzlich neue Identität geschaffen, heiratete schließlich die Tochter eines Fischers, hatte Kinder und verbrachte sein ganzes restliches Leben auf dieser Insel.

Der Fischer, nennen wir ihn John Found, war nicht im eigentlichen Sinne wiedergeboren worden. Er hatte lediglich alle Rahmeninformationen seines vorangehenden Lebens vergessen. Sprache, Sozialverhalten und – was er selber natürlich nicht wissen konnte – alle Charakterzüge, Talente und auch seine Vorlieben waren ihm geblieben. Das Umfeld seines weiteren Lebens hatte sich allerdings sehr geändert und so äußerten sich seine Wesensmerkmale, verglichen mit seinem „vorherigen" Leben, auf sehr unterschiedliche Weise. Gleich und doch nicht gleich! Er wusste nichts mehr von dem bekannten Mathematik-Professor, der er zuletzt vor seinem Unfall gewesen war. Der war vergessen und damit tot. Genauso läuft es bei tatsächlicher Wiedergeburt.

Sind denn nicht auch die Charakterzüge und sonstige Merkmale Ausdruck der Alltagspersönlichkeit? Gehen die nicht bei einer echten Wiedergeburt ebenso wie Sprache und alle anderen Informationen verloren? Ja und nein! Denn auch in diesem Bereich findet Fluktuation statt – allerdings deutlich langsamer. Doch beginnen wir noch einmal bei der Anfangsaussage.

Woher kommt der Eindruck der Alltagspersönlichkeit, sie sei unvergänglich? Sie verwechselt sich mit dem höheren Selbst! Das ist die schlechte Nachricht. Aber Verwechselung kann ja nur stattfinden, wenn die Alltagspersönlichkeit das höhere Selbst zumindest diffus wahrnimmt. Das ist die gute Nachricht. Was ist das höhere Selbst? Es ist der göttliche Wesenskern innerhalb der Alltagspersönlichkeit. Und das göttliche Selbst, das Erzengel-Selbst außerhalb der Alltagspersönlichkeit. Dieses höhere Selbst ist außerhalb der Welten der Trennung mit göttlichen Vollmachten ausgestattet. Genauso wie die Erzengel, denn es ist ursprünglich ein Erzengel. Wie alle anderen Erzengel hat es aber zwei „Mängel". Es ist nicht individualisiert und kennt die Welten der Trennung nicht aus der Innenansicht. Diese beiden Mängel zu beheben ist die Mission jener Erzengel-Wesen, die die Zusatzqualifikation Mensch erhalten wollen.

Beim Eintritt in die Welten der Trennung, also schon bei der ersten Inkarnation, passiert dreierlei. Zum einen beginnt die Verwechselung des angenommenen Egos mit dem eigentlichen, höheren Selbst. Zum zweiten beginnen Zuneigung und Abneigung, Wollen und Nicht-Wollen, Gier und Hass. Und drittens – und das ist ja auch eigentlich erwünscht – die Unterscheidung zwischen Ich und Nicht-Ich. Die Mischung dieser drei Aspekte führt aber, wie man leicht nachvollziehen kann, zu allen möglichen schmerzlichen Erfahrungen und schädlichen Taten. Erst durch einen Läuterungsprozess unbestimmter Dauer lernt das höhere Selbst als Individuum **in** den Trennungswelten den göttlichen Willen vollkommen und gleichzeitig individuell in Emotion, Gedanken, Wort und Tat zu offenbaren.

Nun zurück zu den Wesensmerkmalen John Founds, deren Fluktuation wir erklären wollen. Mister Found war trotz seiner Amnesie manchmal aufbrausend, aber in der Regel umgänglich. Er war sehr liebevoll im Umgang mit Kindern. So war er auch in seinem früheren Leben gewesen. Auch sein mathematisches Talent blieb erhalten – diente ihm aber in seinem neuen Leben vor allem bei nautischen Berechnungen und beim Verkauf seiner Fänge und beim Teilen des Geldes unter den Männern des Bootes, auf dem er arbeitete. Rein intellektuelles Faktenwissen wie das Wissen um seinen Namen und viele andere Aspekte seines Vorlebens oder auch um mathematische Formeln sind ihm dagegen verlorengegangen.

Genauso geschieht es auch mit einem real sterbenden Menschen. Seine „Festplatte" wird komplett gelöscht. Die logischen Daten gehen verloren. Kapazität und Schreib-Lese-Geschwindigkeit bleiben aber erhalten – um einmal ein Bild aus der Computertechnik zu verwenden. Wir gehen davon aus, dass bestimmte Reifungsschritte und Anpassungen des höheren Selbstes bezüglich der Trennungswelten auf dem Weg durch die Inkarnationen bestehen bleiben.[28] Wir könnten auch sagen: Sie **verändern** das höhere Selbst! Diese Veränderungen sind dann wieder Vorgaben für eine weitere Inkarnation und im Zusammenspiel mit den erworbenen karmischen Bedingungen ergibt sich aus ihnen der höchst individuelle Entwicklungsprozess.

Stellen wir uns einen begnadeten Musiker, einen echten Mozart vor. In vielen Leben hat sich sein Genie teils unterschwellig, teils vordergründig vorbereitet. Dann lebt er ein exzessives Musikerleben! Nach seinem Ableben hat er die jenseits des Faktenwissens erworbenen Fähigkeiten mitgenommen. Trotzdem ist es von jetzt an unwahrscheinlich, dass dieser Mensch weitere Leben als Musikgenie verbringt. Das Bedürfnis nach geradezu manischer Ausschließlichkeit in Bezug auf Musik ist vergangen. Die Fähigkeit bleibt, sinkt aber ins Hintergründige zurück. Einerseits ist der Mensch so offen für andere Entwicklungsbereiche, andererseits kann er aber bei Bedarf auf seine Fähigkeit zurückgreifen. Er ist darin perfekt, hält dies jedoch für normal und es zieht ihn auch nichts mehr in diese Richtung.

In Wirklichkeit haben wir als höhere Selbste meist mehrere, wenn nicht viele Eisen gleichzeitig im Feuer. Sie befinden sich nur im unterschiedlichen Zustand der Vollendung. Hinderliche Ausprägungen werden umgeschmiedet. Sind Werkzeuge vollendet, werden sie aus dem Feuer genommen und andere rohere Klötze werden hineingelegt. Wenn alle Werkzeuge erarbeitet und vollendet sind, ist der Status Mensch für das Erzengelwesen

[28] Das Daskalos-System spricht bezüglich der Speicherfunktion vom „permanenten Atom".

erreicht. Es beherrscht alle Aspekte göttlichen Wirkens in den Welten der Trennung und vermag bei Bedarf sein höheres Selbst vollkommen in einer Alltagspersönlichkeit zu leben.

Unter den Blinden - Betriebsblindheit

^{Mt 15,14} *Lasst sie! Sie sind blinde Leiter der Blinden. Wenn aber ein Blinder einen Blinden leitet, so werden beide in eine Grube fallen.*
^{Lk 6,39} *Er sagte aber auch ein Gleichnis zu ihnen: Kann etwa ein Blinder einen Blinden leiten? Werden nicht beide in eine Grube fallen?*
(rev. Elberfelder Bibel)

Unter den Blinden ist der Einäugige König!
(Volksweisheit)

Aber unter den Zweiäugigen fehlt ihm die räumliche Tiefe...
(Weisheit)

Betriebsblindheit! Ein Begriff, den sich ein Schüler des Weges bezüglich der Analyse und Selbstanalyse hinter die Ohren schreiben muss. Wenn wir einen Sachverhalt, egal ob persönlicher oder allgemeiner Natur, aus der „Innenansicht" betrachten, aus der Perspektive des Betroffenen oder Verwickelten, fällt es ungemein schwer, eine realistische Wahrnehmung zu haben. Von außen betrachtet ist es dagegen relativ einfach – wenn das Wertesystem des Betrachters entwickelt genug ist. Man kann sagen, dass ein wenig entwickeltes Wertesystem automatisch in die „Innenansicht" zwingt. Sogar, wenn man eigentlich nicht verwickelt ist. Das Wortspiel alleine ist schon interessant: Man ist verwickelt, weil man wenig **ent**wickelt ist! Die Wahrheit dieser Aussage geht aber über das Grammatisch-Logische hinaus.

Ein Beispiel: Einmal im Jahr fahren soundso viele Männer mit schweren Knüppeln aufs Eis hinaus um Robbenjunge tot- oder zumindest k.o. zu schlagen, damit sie ihnen teils tot und teils noch lebendig das unbeschädigte Fell abziehen können. Dies dafür, dass irgendwo Leute Jacken, Schuhe und Mützen aus diesem Fell kaufen können. Leute, die viele Alternativen zu diesem Material hätten – also keineswegs auf diesen „Rohstoff" angewiesen wären. Sowohl die Schlächter, sämtliche verarbeitenden Zwischenstationen, als auch die Endverbraucher werden wohl nichts Schlechtes daran finden. Sie sind durch ihre Arbeit, ihren Verdienst, ihre ästhetischen Vorstellungen eingebunden und verwickelt. Und darüber hinaus in der Regel noch durch eine Mauer von Nicht-Wissen-Wollen vor schmerzlicher Erkenntnis abgeschirmt. Außenstehende ohne entwickeltes Wertesystem werden sagen: „Ist zwar nicht mein Job und Robbenfellmäntel sind mir zu teuer und gefallen mir auch nicht, aber meinetwegen sollen die Leute doch tun was sie wollen. Mir doch egal." Durch diese Haltung werden sie verwickelt, weil sie nicht entwickelt sind. Wie schon gesagt.

Ein schmerzlicheres Beispiel: Der Bioladen-Käufer, der sich bewusst ernährt und gelegentlich mal ein Suppenhuhn aus „artgerechter Haltung" kauft, wiegt sich in der Gewissheit, ein glückliches Huhn im Topf zu haben. Sicher, graduell stellt er durch selteneren Verzehr weniger industriell bereitgestellten Fleisches eine Verbesserung dar. Verzicht auf Fleisch würde aber bezüglich der Leidvermeidung konsequenter sein. Das fällt dem oben genannten Konsumenten jedoch nicht auf, da er sich mit der graduellen Verbesserung blendet. Er will ja Fleisch essen und ist somit verwickelt.

Ein historisches Beispiel: Warum haben sich die ganzen tollen antiken Philosophen und Vordenker des Abendlandes eigentlich nicht durch die Bank vehement gegen Sklaverei ausgesprochen? Weil sie in einer Sklavenhaltergesellschaft lebten, die Sklavenhaltung für normal hielten und es einfach auch ganz angenehm war, sich nach einer harten Woche des Philosophierens am Wochenende auf dem Markt zur Entspannung noch eine scharfe Sklavin zu kaufen – um es maßlos überspitzt und historisch wohl auch nicht ganz korrekt auszudrücken.

Ein weiteres historisches Beispiel: Wie werden kommende Jahrhunderte unsere hundert Jahre des Wahnsinns bewerten, in denen wir einen einmaligen und unersetzlichen Rohstoff[29] durch die Auspuffanlagen von Milliarden Fahrzeugen pusteten, die uns mit einer größeren Bequemlichkeit von A nach B und wieder zurück befördern sollten? Eingehüllt in eine oder zwei Tonnen Stahl? Für uns jedenfalls ist es völlig normal. Auch wenn es für tausende Generationen vor uns jenseits aller Vorstellungen lag. Wir sind **betriebsblind**!

Ein Psychiater wird wahrscheinlich Psychiatrien oder psychiatrische Praxen in genau der gegenwärtig existierenden Form für richtig halten, ein Wissenschaftler wird sich gemeinhin mit dem Wissensstand seiner Fachrichtung identifizieren, ein Christ wird das Christentum für die beste Religion halten, ein christlicher (buddhistischer, hinduistischer, moslemischer, jüdischer) Amtsträger seine Religion noch viel mehr schätzen.

Verschweigen wir aber andererseits nicht den Nutzen der Identifikation. Für einen Zen-Novizen mit einem ernsthaften Streben ist die Annahme, sein Weg sei der beste, schnellste oder meinetwegen auch einzige, der zur Erleuchtung führt, sicher eine Stütze beim Versuch, die Härten und Schwierigkeiten seiner Ausbildung zu meistern. Bleibt er aber dauerhaft bei der Annahme, wird sie ihm wahrscheinlich an einem bestimmten Punkt zu einem Hemmschuh, der seine Entwicklung von dort an verhindert. Er ist betriebsblind geworden und verwechselt von da an System und Wahrheit. Aus Identifikation ist Überidentifikation geworden. Doch wo genau das passiert ist völlig offen. Es hängt vom Einzelnen und von seiner Fähigkeit ab, sich in der Selbstanalyse auf blinde Flecken hin zu untersuchen. So gibt es alle prozentualen Grade von Betriebsblindheit. Daraus resultiert, dass wir bis zur völligen Freiheit von uns selbst nie Gewissheit haben und Selbstanalyse bis dahin nicht überflüssig wird.

[29] Es sei denn, wir könnten mal eben 50 oder 200 Millionen Jahre warten...

Wir könnten anders herum auch so vorgehen, dass wir Identifikation nur auf Entscheidungsbasis vornehmen. Wir treffen die bestmögliche Entscheidung und identifizieren uns dann mit ihr – mit der Option, dass Entscheidungen niemals grundsätzlich unumstößlich sind und von der zugrundeliegenden Menge an Wissen und Weisheit abhängig sind. Dies ist der Weg der Starken, die Überidentifikation von vorne an vermeiden wollen. Der Preis, den sie zahlen, ist das alltagspsychologisch schmerzliche Defizit, sich nicht zu den einzig wahren, autorisierten Richtigmachern zählen zu dürfen. Allerdings ist das wiederum absolut gesehen richtig. Sie können also indirekt ihre Gewissheit aus der Ungewissheit ziehen. Den etwas weniger Starken bleibt die Hoffnung, dass ihre Identifikation sie so weit trägt, dass das Resultat Überidentifikation nicht entstehen lässt.

Letztes Beispiel zum Schärfen der Wahrnehmung: Im Theravada-Buddhismus sind die Nonnenorden vor Jahrhunderten ausgestorben. Seit einiger Zeit gibt es in den Theravada-Ländern Bestrebungen, die Nonnenorden wieder einzurichten. Nachvollziehbar auf jeden Fall bezüglich der Frauen in diesen Ländern, die für sich selber solch einen Weg wünschen. Die Gründe dafür reichen sicher von der Suche nach einem spirituellen Weg bis hin zu dem Bedürfnis, gesellschaftlich-familiären Zwängen zu entkommen bzw. versorgt zu sein ohne heiraten zu müssen. Das Problem ist, dass Nonnen rechtlich gültig nur eine Vollordination erhalten können, wenn der Akt im Beisein von Nonnen vollzogen wird. Da es aber keine Nonnen mehr gibt, ist die Ordination folglich ungültig. Dazu kommt noch eine latente Frauenfeindlichkeit in der Bevölkerung dieser Länder und ebenso in den Mönchsorden, die Nonnenorden häufig nicht wünschen. Man kann also vermuten, dass „rechtliche" Gründe teilweise vorgeschoben werden.

In den westlichen Ländern ohne buddhistische Tradition gibt es aber auch viele Frauen, die für sich die Vollordination in der

Theravada-Tradition wünschen. Sie bemühen sich seit Jahren und Jahrzehnten, diesen Schritt zu ermöglichen. Die Frage ist: Was fehlt diesen Frauen im Westen, um einen spirituellen Weg zu gehen? Ist es für eine voll ordinierte Nonne leichter, Erleuchtung zu erlangen? Ein Bettelgang in einer deutschen Fußgängerzone dürfte jedenfalls gleich erfolgreich sein, ob man nun vollordiniert ist, oder nicht. Es stehen eine Menge seltsame Vorstellungen und berechtigte Fragen im Raum, wenn man sich mit dem Ordinationsproblem befasst. Man möchte aus Traditionsgründen eine Vollordination. Die Tradition ist aber seit tausend Jahren abgebrochen. Oder anders herum: Tradition ist, dass es keine Nonnen gibt. Und ganz am Anfang: War bei der Ordination der ersten Nonne eine Nonne zugegen? Was hätte Liese Müller davon, wenn Buddha selber die Ordination der ersten Nonne vorgenommen hätte – was höchst strittig ist? Warum können sich buddhistische Frauen hier nicht einfach selbst ordinieren, ohne sich von der Zustimmung irgendwelcher birmanischen Kuttenbrunser mit frauenfeindlichen Vorstellungen[30] abhängig zu machen? Was bringt einem die ununterbrochene Kette von Nonne zu Nonne für Vorteile? Warum müssen wir alle uns immer wieder auf irgendwelche Traditionen berufen? Übermittlungslinien von Meister zu Meister, die wir zwar glauben, aber keinesfalls prüfen können? Welche Sicherheit simulieren wir dadurch? Ist solches Menschenwerk nicht ohnehin höchst korrumpierbar? Der Betriebsblindheit sind durch diese Verwechslung von Form und Inhalt nicht nur Tür und Tor geöffnet, sie ist nicht nur programmiert, sondern sie herrscht vielleicht schon vom ersten Moment an. Kann so Freiheit entstehen? Ja, aber...

Jetzt sage mir, wer ist blind, einäugig oder zweiäugig, und wer hat sein drittes Auge geöffnet?

[30] à la: Frauen müssen erst als Männer wiedergeboren werden, bevor sie Erleuchtung erlangen können.

Die Welt über der Welt

*Unscheinbar werden heißt das Scheinbare ablegen und
tatsächlich werden.*

(Das Buch der drei Ringe)

„Zutiefst überwindenswert scheint mir die Welt über der
Welt." Mit dieser Aussage leitete der Meister das „Ernste Gespräch" zwischen sich und dem etwas schüchtern dreinblicken-
den Volontär[31] ein. Gerade noch waren sie in gelöster Stimmung
den Weg zum Meditationshäuschen heraufgeschritten. Doch
selbst dabei hatte sich schon ein mulmiges Gefühl im Magen des
Schülers aufgebaut. Nicht, dass er etwas zu fürchten hätte, aber
wie beinahe jedes Mal, wenn er zum „Beisammensein von Herz
und Herz" (wie das „Ernste Gespräch" auch genannt wurde) mit
dem Meister gebeten wurde, konnte der Schüler das Gefühl eines
dunklen Schreckens nicht vermeiden. Er hatte es schon als einen
panischen Ausdruck der Alltagspersönlichkeit vor dem möglichen Zerschlagenwerden zu definieren versucht. Trotz der er-
wiesenen Unsinnigkeit dieser Annahme schlich sich das Gefühl
immer wieder ein. Er hatte es wohl immer noch nicht richtig
eingeordnet.

Jetzt saß er schon wieder in der Falle. Was sollte er auf die Fest-
stellung des Oberen erwidern? Die beiden saßen nebeneinander im Meditationsraum und blickten durch die aufgeschobenen
Glastüren hinaus in den Garten. Vor ihnen stand eine Kanne Tee
und zwei Schälchen, in denen ein angenehm aromatisch duften-
der grüner Tee dampfte. Die Frau, die ihnen auf dem Weg entge-
gengekommen war, hatte wohl alles bereitgestellt.

„Aber ist nicht die Welt über der Welt ein höherer Ort? Was
sollten wir da überwinden? Geht es um unsere Ausrichtung oder

[31] Volontär – hier Freiwilliger im Sinne
eines Grades der Annäherung an die
„Eine spirituelle Gemeinschaft"

unsere Hoffnung?" Der Volontär hatte es nicht mehr ertragen und einfach etwas Naheliegendes gesagt. Er wusste schon, dass er nicht so einfach davonkommen würde. Immerhin ein Stichwort für den Meister.

Der lächelte. „Ja, ganz recht! Üblicherweise weisen wir den Gegensatzpaaren Wertungen zu. Hell-dunkel, groß-klein, aktiv-passiv, schnell-langsam, oben-unten usw. empfinden wir dabei immer als gut-schlecht. Die meisten Gegensätze sind aber an sich nur wertfreie Gegensätze. Die Wertung entsteht nur durch die eingenommene Perspektive und ist meistens auch bezüglich des Mittelpunktes höchst egozentrisch. So werden wir drei Grad minus als kalt und 25 Grad plus als warm bezeichnen. Ein Eskimo wird vielleicht 40 Grad minus als kalt und 3 Grad plus als warm empfinden. Wenn die Maus klein ist, was ist dann die Ameise? Winzigklein? Und was ist dann mit der Amöbe?"

Der Volontär überlegte. Dann überlegte er, dass er überlegte – und als ihm die Bedeutung des Wortes klar wurde wandte er sich an den Meister: „Meinst du, dass die Welt über der Welt das ist, was jeder Einzelne an Einstellungen, Meinungen und Perspektiven über die tatsächliche Welt legt?"

Der Meister sprang auf, griff in das Regal neben der Tür und trat auf den Vorplatz. Er steckte den Gegenstand aus dem Regal in den Mund und erzeugte damit ein jämmerliches, durchdringendes, albernes Tröten. Es war eine dreiteilige und dellige Fahrradhupe ohne den Gummiball zum Hupen. Von unten vom Haupthaus her erscholl Jubel. In dem Augenblick fiel alles von dem Volontär ab. Alles wurde klar und er fühlte eine überwältigende Heiterkeit, als der Meister wieder hereinkam und sich neben ihn setzte. Forschend blickte er ihn an, als er seufzend die kaputte Fahrradhupe neben sich legte. „Warum hast du getrötet?" fragte der Volontär.

„Wegen dem, was danach geschehen würde."

„Was geschieht denn?“

„Sage du es mir.“

Der Schüler überlegte diesmal **nicht**. „Das feste Gewebe über der Welt ist in Wahrheit immer nur ein weitmaschiges Netz. Es ist eine Gehirnleistung, dass es aus einer Anzahl Knoten ein scheinbares Gewebe entstehen lässt – so wie es beim Blinzeln nicht dunkel zu werden scheint, so wie wir den blinden Fleck auf unserer Netzhaut nicht als Sehmangel wahrnehmen und wie wir einen Raum um uns herum komplett zu schauen glauben, obwohl wir immer nur auf einzelne Punkte blicken. Der Raum über dem Netz und die Welt unter dem Netz sind ungetrennt und klar. Ich bin nicht nur der Sehende sondern hauptsächlich das Sehen und dann auch das Gesehene.“

„Nun,“ sagte der Meister, „wenn es so ist, wozu die jahrelange Übung?“

„Die Welt ist wie sie ist, ungeteilt im strahlenden Licht. Wir verschatten sie, indem wir unsere Aufmerksamkeit auf sie richten und beginnen, durch Vorlieben und Abneigungen zu werten. Wie ein Tuch legt sich diese falsche Art der Aufmerksamkeit über die wirkliche Welt und macht sie für uns selber unkenntlich. Schließlich nehmen wir allein das Tuch wahr und können nur noch wenige Aussagen über die Welt machen – nur dort, wo sich Konturen unter dem Tuch abzeichnen, können wir aus ihnen ableiten, was sich darunter befindet. Wir können aber auch total daneben liegen. Suchende und Wahrheitsforscher bemerken früher oder später ihre Getrenntheit und beschreiten einen doppelten Weg. Sie versuchen das Tuch zu durchdringen und gleichzeitig versuchen sie, das Gewebe zu weiten – also die Abstände zwischen den Fäden zu vergrößern und in ihm das Netz zu erkennen, das es eigentlich ist. Letzteres ist die regelmäßige spirituelle Übung, ersteres ist mir soeben widerfahren.“

Der Volontär fühlte sich immer noch heiter und leicht, jedes mulmige Gefühl war von ihm gewichen. Der Meister schob die Tröte neben sich zurecht und lächelte. Er fragte: „Gibt es denn ein Netz?"

Der Schüler schüttelte den Kopf und lächelte zurück. Dann sagte der Meister: „Das ist ein Anfang."

Beide tranken ihren Tee.

Verwechslung

Der Grund aller Verkehrtheit in Gesinnungen und Meinungen ist -
Verwechslung des Zwecks mit dem Mittel.
(Novalis)

Verwechslung steht den Menschen auf allen Stufen ihrer Entwicklung im Wege. Sie stört den Erkenntnisprozess und behin-
dert uns in unserem Voranschreiten. Es ist schwer zu trennen, wo
Verwechslung ein „Trick" der Alltagspersönlichkeit ist, die sich
damit gegen die Veränderung sträubt, und wo Verwechslung sogar als Gesetz wirkt, das den Welten der Trennung innewohnt,
und das der Suchende auf seinem Weg zu erkennen, zu beherrschen und zu überwinden lernen soll.

Wir verwechseln uns beispielsweise gerne mit einer höher-
wertigen spirituellen Information. Egal, ob wir sie nun nur
nachvollziehen, schon wiedergeben oder gar eigenständig formulieren können. In jedem Fall suggeriert die Verwechselung
der Alltagspersönlichkeit[32], dass sie der Information bereits entspricht und somit das Wissen schon Sein ist. So werden wir
auf jedem Niveau von Wissen an der tatsächlichen Umsetzung
gehindert.

Ebenso geschieht es, wenn wir andere Menschen in Aktion bzw.
Interaktion beobachten und messerscharf erkennen können, welche Fehler sie machen, welche Schwächen sie haben und welche
nicht erkannten Impulse ihrem Tun zugrunde liegen. Indem wir
dies erkennen, sprechen wir uns selber davon frei und verwechseln hier den klaren Blick nach außen mit einem klaren inneren
Zustand. Matthäus 7.3 spricht davon mit den Worten: „Was siehst
du aber den Splitter im Auge deines Bruders, und den Balken in
deinem Auge bemerkst du nicht?"

[32] Oder die Alltagspersönlichkeit
sich selber mit Hilfe der Verwechselung – oder gar beides!

Gerne verwechselt sich auch die Alltagspersönlichkeit mit dem höheren Selbst. Bildet sich durch die spirituelle Praxis oder durch den karmischen Prozess in der Alltagspersönlichkeit eine gewisse Transparenz, durch die das höhere Selbst ungehindert in sie „hineinstrahlen" kann – also Inspiration und Bereicherung stattfindet – nimmt die Alltagspersönlichkeit dies als ihr selbst eigen an und verdunkelt durch Gewöhnung nach kurzer Zeit genau **die** Transparenz, die die Inspiration ermöglichte. Die vorausgehende Bereicherung verschwindet bis auf minimale Bruchteile...

Ein echtes Mysterium ist die sogenannte Kapillarität[33] der Alltagspersönlichkeit. Sie bewirkt, dass sich umgekehrt zum vorher beschriebenen Prozess sogar das höhere Selbst mit der Alltagspersönlichkeit verwechseln kann. Im Kleinen stellt dies den Ablauf dar, mit dem am Anfang der Menschwerdung die in die Welten der Trennung herabsteigenden Erzengelwesen von der Materie „eingefangen" und an sie gebunden wurden. Doch zuerst war dies ein nützlicher und notwendiger Mechanismus, ohne den die gewünschte Zusatzqualifikation der Erzengelwesen Richtung Mensch nicht hätte angeschoben werden können. Geflügeltes Wort: „Individuation durch Identifikation!"

Endlich aber werden wir uns auch davon befreien. Ein wichtiger Schritt in diese Richtung ist die Erforschung des Prinzips der Verwechselung. Dazu sei jeder aufgerufen.

---

[33] auch „Integrationskraft"

Der Census der Boni

Die Frage ist weniger das Wann und das Wie, als was wir tun müssen, um uns darauf vorzubereiten.

(Das Buch der drei Ringe)

Vorstellungen von Endzeit und Weltenbrand, Untergang und Katastrophe hat es im religiösen Zusammenhang und auch individuell schon immer gegeben. Abgesehen von den reinen, materialistischen Katastrophentheorien, bei denen Vulkanausbrüche, Kometen oder Ähnliches die Lebensgrundlage der Menschheit zerstören, laufen viele religiöse Endzeitvorstellungen darauf hinaus, dass zwischen den wahrhaft Gläubigen der jeweiligen Religion und den jeweiligen „Ungläubigen" unterschieden wird. Die einen gehen ins Paradies oder ähnliches ein und die anderen fahren zur Hölle oder in die Vernichtung. Ganz klar dienen solche Auffassungen zur Abgrenzung, zur Disziplinierung der Gläubigen und nicht zuletzt dem Aufblähen der Egos der Anhänger.

Eine Steigerung des Disziplinierungsaspektes ist die Terminvorgabe. Beliebt sind hier runde Jahreszahlen. Man denke an die Hysterie um das Jahr 1000 in Europa oder um die Verunsicherung des Jahres 2000 auf der ganzen Welt. Sehr beliebt auch bei Sekten, deren Mitglieder unruhig werden oder davonzulaufen beginnen: „In fünf Jahren geht die Welt unter!" Und schon bleiben die Leute sicherheitshalber zumindest noch so lange bei der Stange. Und in fünf Jahren gibt es dann andere Prophezeiungen.

Auch unter spirituell orientierten Menschen und noch mehr der ESG[34] gibt es endzeitähnliche Vorstellungen. Dort sind sie allerdings eher relativer als absoluter Natur. Das heißt, das erwartete „Ende" wird mehr wie das Ende eines Schuljahres gesehen. Danach folgt ein weiteres Schuljahr, einige werden versetzt und

[34] „Eine Spirituelle Gemeinschaft", auch Spirituelle Gemeinschaft oder Spurgem – jene, die sich bewusst zur spirituellen Gemeinschaft aller Menschen und zur spirituellen Einheit hinter den Religionen bekennen.

einige müssen das Jahr wiederholen. Ein konkreter Zeitpunkt wird nicht genannt. Für das Leben der Menschen auf der Erde könnten die Ereignisse jedoch trotzdem recht drastisch sein. In bestimmten Kreisen wird dieser sogenannte Census als nicht besonders fern eingestuft. Zu dieser Annahme führen sorgfältige Beobachtungen der Menschheit und ihres Verhaltens.

Versuchen wir, die Vorstellungen etwas genauer zu beschreiben. Wir betrachten die Erde als einen Klassenraum und die Menschheit als eine Gruppe von Schülern mit einem bestimmten Lernziel. Das bisher sichtbare Universum ist bei einer ganz grob über den Daumen gepeilten Galaxienzahl von 100 Milliarden mit durchschnittlich 100 Milliarden Sternen pro Galaxie mit reichlich Lebensräumen für „Menschheiten" ausgestattet. Also mit vielen, vielen Klassenräumen. Dabei ist es fast gleichgültig, ob wir pro hundert Sonnen eine intelligent belebte Welt annehmen, pro zehntausend Sonnen eine, pro hundert Millionen Sonnen eine oder auch nur eine alle hundert Galaxien − es bleibt immer noch eine Menge übrig.

Wir nehmen an, dass die irdische Menschheit nicht besonders weit entwickelt ist. Vielleicht sind wir in der zweiten oder dritten Klasse. Dass die Schulung der früheren Klassen hier erfolgte, ist vorstellbar. Einige sagen beispielsweise, dass die Neandertalerkultur die vorausgehende Klasse gewesen sei. Mit dem Erreichen des Klassenzieles wären die Menschen dann nicht mehr als Neandertaler inkarniert, sondern als Homo sapiens. Demzufolge wären die Neandertaler zwar physisch ausgestorben, wären aber inhaltlich schlicht in den modernen Menschen umgestiegen. Neandertaler waren ebenso „Gefährte" für unsere höheren Selbste, wie Homo sapiens es sind. In diesem Fall wäre also der Klassenraum umgewidmet worden. Statt beispielsweise einer ersten Klasse wäre dann irgendwann eine zweite Klasse im gleichen Klassenraum unterrichtet worden.

Das muss nicht zwangsläufig so sein und wird für das jetzt anstehende „Schuljahresende" von vielen der „Spirgem" auch anders erwartet. Wir vermuten, dass es mit hoher Wahrscheinlichkeit diesmal zu einer wirklichen Versetzung der Absolventen kommen wird. Beim bevorstehenden „Census der Boni[35]" – also die „Zählung der Guten" – wird nur eine prozentual kleine Gruppe der Menschheit in die nächsthöhere Klasse versetzt werden. Eine theoretische Überlegung spricht von fünf Prozent der Menschen, von denen wiederum nur fünf Prozent mit einem klaren Einser-Durchschnitt die Klasse wechseln. Der Rest muss die Klasse wiederholen, und zwar im gleichen Klassenraum, den sie vorher in einen schlimmen Zustand versetzt haben. Dann aber wahrscheinlich mit drastisch reduzierter Zahl von Sitzplätzen. Konkret würde das heißen, dass man nach dem jeweiligen Tod länger warten müsste, bis wieder ein Platz für eine Inkarnation frei wird. Wenn also nach einem kulturellen und umweltbezogenen Zusammenbruch nur noch fünf Millionen oder auch hundert Millionen Menschen gleichzeitig auf der Erde im Fleische wandeln, aber 5,5 Milliarden Schüler vor der Tür auf einen Platz warten, dann dauert es von Inkarnation zu Inkarnation recht lange. So war es aber auch schon vor 5000 Jahren, mehr noch vor 20 000 Jahren. Kein Grund zur Panik also. Vielleicht werden die Lebensbedingungen – anders als vor 20 000 Jahren, als zumindest die Natur sauber und intakt war – auch so schwierig, dass Wartezeiten willkommen sein werden. Immerhin müssen wir bei nachgewiesenem Nicht-Wissen-Wollen von erhöhtem karmischen Druck ausgehen.

Die beim Census für gut Befundenen werden also wahrscheinlich in einen anderen Klassenraum versetzt, sei es, dass sie in eine vorhandene höhere Klasse integriert werden, sei es, dass sie einen neuen, bisher ungenutzten Klassenraum zur Verfügung gestellt bekommen. Einige aber (oder auch viele) werden bleiben, um als Lehrende für die Menschheit auf der Erde zu wirken.

Wichtig ist uns klarzustellen, dass wir hier nicht von einem Space-Exodus mit Raumschiffen sprechen. Wir gehen davon aus, dass der Kosmos physischem Reisen verschlossen ist. Durch die Pforte des Todes ist allerdings jeder Platz im Universum leicht erreichbar. 12 Milliarden Lichtjahre entfernt zu inkarnieren ist nicht schwieriger als zwei Häuser weiter. Genauso wenig, wie wir hier von fremden Raumreisenden abgeholt werden, werden wir selber je zu anderen Sonnen aufbrechen. Der Aufwand ist einfach unüberwindlich groß. Die spirituelle Entwicklung macht allerdings irgendwann auf dem Entwicklungsweg auch Raumreisen möglich. Sobald man grobstoffliche und psychonoetische Körper einfach vom höheren Selbst aus entstehen lassen kann, kann man das auch überall tun. Man dematerialisiert und rematerialisiert einfach wo man möchte. Praktisch Inkarnation aus reinem Wollen und in einem erwachsenen Körper. Interessante Vorstellung. Ob es irgendeinen Grund geben wird, das zu tun, sehen wir dann.

Manche meinen auch, die „Nicht-so-Guten" werden versetzt und die Boni bleiben und heilen die Welt. Denkbar! Oder Gott könnte mit einem Fingerschnippen, das dann objektiv zehntausend oder fünf Millionen Jahre dauert, die Erde wieder neu werden lassen. Bei Gott wäre sogar eine echte Sekunde denkbar, oder nicht? Das Prinzip der Einfachheit spricht aber im Grunde gegen diese Annahmen. Die unwilligen Verwüster bleiben hier und werden mit den Resultaten ihres Tuns konfrontiert. Die Boni ziehen weiter. Dorthin, wo ihre nächste Aufgabe wartet. Was könnte diese Aufgabe sein? Die Beherrschung und relative Überwindung der Naturgesetze? Was ist hier die Aufgabe? Die Überwindung der Egofixierung und relative Beherrschung der Alltagspersönlichkeit vom höheren Selbst aus. Also dann mal los. Der Census der Boni läuft bereits.

Der oder die Apex

Geliebt werden zu wollen ist das eine, ein anderes aber ist die Frage,
als was wir geliebt werden wollen. Als aufrechte, zur Selbstkritik fähige,
änderungsbereite Wahrheitsforscher unter Wahrheitsforschern
geliebt zu werden ist das zweifellos größere Glück - ist aber der
Alltagspersönlichkeit nur schwer als solches zu verkaufen.
(Das Buch der drei Ringe)

Als Apex (lat. Kuppe, Spitze) wird im Jargon der spirituellen Gemeinschaft ein lokaler Leiter oder eine Leiterin eines Arbeitskreises bezeichnet. Dieser Begriff sagt über diese Bedeutung hinaus nichts aus. Der Apex kann Schülerlehrer, Lehrerschüler oder Meister sein - außer der Selbstauskunft des Apex gibt es kein stärker überzeugendes Kriterium, das seine Qualifikation belegt. Und die Selbstauskunft ist **kein** überzeugendes Kriterium.

Unser Apex, der damit nicht sagen will, dass er ein Bildungs- und Ausbildungsverächter sei, muss wahrhaft lachen, wenn er auf vielen Webseiten, Bucheinbänden und Seminarankündigungen die eindrucksvollen Viten der Autoren und Anbieter liest. Während über dreißig Jahren haben sie alle mindestens bei Schamanen, Sufis, Hindus, Jesuiten, Philosophen und Buddhisten Ausbildungen und Initiationen genossen, haben persönliche Begegnungen mit (unter anderem) dem Dalai Lama, Nelson Mandela, Pir Vilayat Inayat Khan, Sogyal Rinpoche, Rumi Da Ron Carson, Shirdi Sai Baba, dem Papst, John Lennon, Stylianos Atteshlis und zwanzig weiteren Größen gehabt, die sie alle „ganz unheimlich doll" geprägt, weitergebracht und legitimiert haben.

Jeder Einzelne - natürlich eine „alte Seele" in enger Zusammenarbeit mit der Jungfrau Maria, dem heiligen Joseph und Lord Maitreya - behandelt **wenigstens** mit Reinkarnationstherapie, Aufstellungsarbeit, Voice Dialog, Arbeit mit dem Inneren Kind, NLP, Farb- und Aromatherapie, Hypnotherapie, Traumreisen, Lebensberatung, Kartenlegen, Traditioneller Chinesischer Medizin, Akupunktur, der Lehre der 5 Elemente, Chinesischer Pulsdiagnostik, Zungen- und Antlitzdiagnostik, Ohrakupunktur, Irisdiagnostik, Qi Gong, Moxatherapie, Schröpfen (ja, das sicherlich!), Homöopathie, Reflexzonentherapie, Bachblütentherapie, Massagen, Energieübertragung, Chakraregulierung, Biochemie nach Dr. Schüssler, Naturheilkunde, Ausleitungsverfahren, Entgiftungskuren, Schmerztherapie, Gesprächstherapie, Entspannungstherapien, Autogenem Training, PMR nach Jacobson und Meditationstechniken.

All dies sind ebenfalls **keine** überzeugenden Kriterien. Auch Judas war ein Schüler von Jesus - was er vor seinem Verrat sicher auch auf seinen Werbepapyri fett hervorgehoben hatte. All das klingt nach Verzettelung und überbordendem Beeindruckungszwang. Da verwechselt wohl jemand Form und Inhalt. Auch unser Apex hat studiert, demonstriert und visualisiert. Gelebt, gelernt und gelitten. Lehrer getroffen und Lehrer verworfen. Er ist ein einfacher Arbeiter - in der Welt **und** im Weinberg des Herrn. Ersteres hält ihm den Kopf frei, letzteres hält ihm die Freiheit im Kopf! Er hat Bücher gelesen und hat einen seltsamen Hut[36]! Das muss genügen...

[36] Das scheint ja bei vielen Meistern auch ein wesentliches Qualitätsmerkmal zu sein – neben merkwürdigen Roben, Ketten, Umhängetaschen etc.

Gleichnishafte Erklärungen

Der schmale Pfad und die breite Straße

Sage nicht, wenn ich frei sein werde, werde ich lernen;
vielleicht wirst du nicht frei werden.
(Hillel - Sprüche der Väter 2,5)

Das Bild vom schmalen, steilen Pfad und der breiten Straße ist vielen bekannt als die Gegenüberstellung der zwei Wege, von denen der eine zum Himmel und der andere in die Hölle führt. Die tiefere, spirituelle Bedeutung ist aber eine andere.

Eine Hölle gibt es nicht, außer vielleicht in der Form des momentanen, unbefriedigenden Zustandes des Einzelnen, aus dem der steile Pfad und letztlich auch die breite Straße herausführen. Die breite Straße steht für den Karma-Weg, den Weg der Evolution, den Weg des geringsten Widerstandes innerhalb der Alltagspersönlichkeit, auf dem man ihren Impulsen nachgeben kann, ohne diese Impulse zu hinterfragen. Entwicklung vollzieht sich nach dem Prinzip „Learning by doing" aus der Aktion und ihren Konsequenzen heraus.

Der schmale Pfad ist der Weg der bewussten Bemühung, der Beobachtung und der Selbstbeobachtung, der Revolution im Sinne gewollter, zielgerichteter Veränderung. Es ist der Weg der aktiven Modifikation der Alltagspersönlichkeit und des gezielten Handelns. Trotz des beschleunigten Aufstiegs ist der schmale Pfad „karmisch sicherer". Hier bestehen die Schwierigkeiten eher im Umgang mit dem Widerstand der Alltagspersönlichkeit gegen Veränderungen, als im Leiden dieser Alltagspersönlichkeit unter karmischem Druck zum Zwecke des Erkenntnisgewinns.

Um im Bild zu bleiben kann man sagen, dass auf der breiten Straße Dunkelheit herrscht und unbeleuchtete Fahrzeuge bei geringem Höhengewinn relativ schnell unterwegs sind – das

Risikopotenzial ist offensichtlich. Dagegen sind auf dem schmalen Pfad aufmerksame Reisende bei zunehmendem Licht und zunehmender Beleuchtung (Erleuchtung) mit recht großem Höhengewinn relativ langsam unterwegs. Offensichtlich ist dies der Weg der Wahl.

Bis hierher ist der Sachverhalt intellektuell noch recht klar und nachvollziehbar. Das ändert sich nun, denn zwei Dinge müssen gesagt werden, die nichts an der grundsätzlichen Wahrheit des Vorausgehenden ändern, aber nicht so leicht mit ihr in Einklang gebracht werden können. Man muss sich einschwingen auf die Gesamtheit des Gesagten und versuchen, alles gleichzeitig zu überblicken, ohne einzelne Aspekte anderen entgegenzustellen. Dann muss man das Aussagefeld auch noch als etwas nicht Äußeres betrachten, sondern sich selber praktisch ganz aus der Betrachtung herausnehmen.

Die zwei zu sagenden Dinge sind auch untereinander scheinbar widersprüchlich. Die erste Aussage ist: Wir bewegen uns nicht permanent auf dem einen oder anderen Weg, sondern wir springen mehr oder weniger schnell hin und her – denn (abgefahren auch das!) beide Wege befinden sich immer nebeneinander. Wir sind schon gut, wenn wir zunehmend mehr Zeit auf dem steilen Pfad verbringen.

Die zweite Aussage ist kurz, bündig und verwirrend: Wir bewegen uns auf beiden Wegen gleichzeitig!

Wenn du das grokst[1], dann klopfe an die Tür und du wirst herausgelassen [sic].

[1] groken = schauen aus der Perspektive des höheren Selbstes, von jenseits des diskursiven Verstandes aus

Verhüllt, bekleidet, unbekleidet

Die höchste Wahrheit ist ein unsichtbares, nacktes Wesen.
(Ludwig Kirchhofen)

Wenn wir eines Tages das Bedürfnis nach Wahrheit verspüren, so ist dies der Beginn des Erwachens. Wir finden uns an einem Punkt, an dem uns entweder die einfachen Wahrheiten, die bisher unser Leben bestimmten, nicht mehr befriedigen, oder an dem wir bemerken, dass es gar keine Wahrheiten in unserem Leben gibt, die wir als solche empfinden. Oder noch wahrscheinlicher ist, dass wir beide Aspekte als irgendwie zutreffend empfinden.

Warum also sollen wir uns die Wahrheit als nacktes aber unsichtbares Wesen vorstellen? Sie ist, je wahrer sie ist, desto nicht-linearer und multikausaler und lässt sich darum umso weniger durch verbale Beschreibungen definieren. Trotzdem lassen sich andererseits gewisse Aussagen über sie machen. **Wir kleiden sie in Worte**. So können wir uns ihr zuwenden und eventuell selber erkennen. Wenn wir aber vergessen, dass die verstandesmäßige Definition der Wahrheit nicht die Wahrheit selbst ist, bleiben wir an den zuerst hilfreichen Hüllen hängen und verstricken uns darin.

Wir können der Wahrheit beispielsweise durch bestimmte Aussagen Schuhe anziehen. Dann sehen wir noch nicht viel von ihr, aber zumindest sehen wir ihre zwei Füße. Doch schon hier kann etwas schiefgehen. Wir haben zwei Füße erwartet. Vielleicht hat sie aber vier und wir haben ihr nur zwei angezogen? Oder hat sie drei oder sieben! Wir brauchen also mehr Hüllen. Handschuhe, Hose, Jacke, Mütze. Hat sie mehrere Beine, Hände, Arme, Köpfe, Finger? Jede weitere Hülle klärt auf der einen Seite Details und verhüllt andere. Durch Fausthandschuhe klären wir die Anwesenheit von Händen – können aber keine Aussagen mehr über das

Vorhandensein und die Anzahl von Fingern machen.

Auf unserer Suche sollten wir akzeptieren, dass es notwendig ist, bestimmte Fragestellungen und Aspekte in Worte zu fassen. Diese intellektuellen Annäherungen müssen wir aber nutzen, um durch die gewonnene Nähe eine höhere Form der Wahrnehmung zu kultivieren. Ist uns dies gelungen, müssen wir die lineare, ungenügende Wortdefinition wieder loslassen – allerdings ohne sie als Wegmarke zu vergessen, um einen Abgleich mit parallel laufenden Mitsuchern möglich zu machen und um nachfolgende Sucher zu unterstützen.

Man könnte vielleicht meinen, dass es sinnvoll sei, die intellektuelle Annäherung von vorne herein zu meiden, aber würde dies nicht eine Verneinung des einzigen Aspektes bedeuten, der uns vom Tier unterscheidet? Wir laufen damit Gefahr, der Möglichkeit der aktiven Wahrheitsforschung ohne Not zu entsagen und uns lediglich dem Karmaprozess als Regulativ unserer Entwicklung anzuvertrauen. Dieser Karmaprozess ist naturgemäß schmerzhaft und der Lohn für die rechte, aktive Annäherung an Erkenntnis und Selbsterkenntnis liegt gerade in der Überflüssigmachung dieses Schmerzes. Sind wir das nicht uns selbst und den Menschen um uns herum schuldig?

Warum Information und Praxis
sein müssen

„Wer nicht erkennt, sondern nur vieles gehört hat, kann den Sinn
der Schriften nicht verstehen, so wie ein Löffel nichts vom
Geschmack der Suppe weiß"
(Mahabharata II,55,1)

Gnosis (Erkenntnis) meint nicht intellektuelle Erkenntnis sondern Erkenntnis im Sinne spiritueller Einsicht. Genauso ist es auch mit dem Jnana Yoga (Yoga des Wissens), welches nicht Wissen im intellektuellen Sinne meint. Gleichwohl ist der höheren Erkenntnis bzw. dem höheren Wissen die Informationsebene vorgeschaltet. Man kann sagen, dass die intellektuelle Information den Löffel darstellt. Und es gibt natürlich verschiedene Löffel - große, kleine, eckige, runde, tiefe, flache und sogar im Laufe der Jahre löchrig gewordene Löffel. Es gibt also unterschiedliche Lehrsysteme, die unterschiedliche Informationen geben. So kann man auch die Unterschiede in der Effektivität der einzelnen Ansätze verstehen. Manche Systeme sind nicht nur löchrig gewordene Löffel, sondern sogar Gabeln, aber immerhin können sie noch ein paar feste Brocken aus der Suppe schöpfen. Ein Messer kann man wenigstens noch in die Suppe tauchen und dann vielleicht ablecken, allerdings mit dem Risiko, sich in die Zunge zu schneiden.

Die Suppe stellt die höhere Wahrheit oder die höheren Wahrheiten dar. Sie ist grundsätzlich für alle erreichbar, aber so heiß, dass kaum einer wagen wird, die Hand oder gar den Kopf direkt in die Suppe zu stecken. Die Löffel werden also gebraucht.

Leider ist zu beobachten, dass die Menschen sich hauptsächlich mit dem Streit um die Löffel beschäftigen. „Mein Löffel ist der beste, alle anderen sind falsch!" So welche **haben** einen Löffel, aber sie **benutzen** ihn nicht. Die Suppe und vor allem der Geschmack der Suppe sind ihnen im Grunde egal. Oder aber sie verwechseln den Löffel mit der Suppe und ihrem Geschmack, indem sie meinen, sie hätten beides, wenn sie nur den ihrer Meinung nach besten Löffel hätten. Fortgeschrittenere Personen streiten sich vielleicht weniger um die einzelnen Löffel. Sie interessieren sich sogar für verschiedene Formen und setzen sich mit ihren Details auseinander. Material, Herstellung und Alter werden verglichen. Das ist einerseits okay, kann andererseits aber ebenso zu einer ablenkenden Falle werden.

Denn in Wirklichkeit sind alle Löffel nur zu einem Zwecke da und führen auch, wenn sie denn halbwegs funktionale Löffel sind, einigermaßen gleich schnell zum Ergebnis. Wir sollen sie in die Suppe tauchen und einen ordentlichen Haps davon zu uns nehmen, ihren Geschmack erfahren, ihre Zusammensetzung erkunden und uns an ihr stärken. Das Benutzen des Löffels ist die spirituelle Praxis und das Schmecken der Suppe ist die spirituelle Erfahrung.

Doch wir wollen nicht vergessen, dass wir unsere Mahlzeit in beständiger Aufmerksamkeit genießen müssen, denn an jeder Stelle können wir Fehler begehen. Wir können uns beim Eintauchen des Löffels in die Suppe am Rand des Kessels den Unterarm verbrennen und dann auch noch den Löffel in die Suppe fallen lassen. Wir können die Suppe beim Zum-Mund-Führen verschütten. Wir können uns ordentlich die Zunge verbrühen, wenn wir die Suppe nicht ausreichend kühlgepustet haben. Wer schon einmal bei einem Kind über Jahre beobachtet hat, wie es lernt zu essen, weiß, was alles schiefgehen kann. So sollte also zur Aufmerksamkeit noch unser tiefes Wissen um unser kindliches Unvermögen kommen. Beides zusammen ergibt die rechte Praxis.

Der Fluss, die Ebene und die Berge

Darum rede ich zu ihnen in Gleichnissen. Denn mit sehenden
Augen sehen sie nicht und mit hörenden Ohren hören sie nicht;
und sie verstehen es nicht.
(Matthäus 13.13)

Stellen wir uns einen Menschen vor, der in ein unbekanntes
Land aufbrechen will. Er steht am Ufer eines mächtigen Stromes und blickt über ihn hinweg. Jenseits des Wassers liegt eine
weite, ebene Landschaft und an ihrem Ende erhebt sich eine Ge-
birgskette. Hinter diesen Bergen liegt das Land, das er erreichen
möchte.

Reisende, die von sich behaupteten, dass sie sich mit der Strecke
auskennen würden, haben ihm und anderen Menschen von dem
Weg berichtet. Manche Einzelheiten schienen ihm fantastisch,
andere abwegig und viele durchaus glaubhaft. Einiges zu prüfen
erlaubt ihm der Augenschein. Es gibt Naheliegendes und fernere
Notwendigkeiten. Er betrachtet den vor ihm liegenden Weg in
aller Ruhe und vergleicht das Gesehene mit den Informationen,
die er von den anderen Reisenden erhalten hat.

Eine Reihe von Dingen sind ihm auf den ersten Blick klar. Er
muss lernen zu schwimmen und darüber hinaus möglichst noch
ein Wasserfahrzeug bauen und es im Wasser beherrschen lernen.
Die Fließgeschwindigkeit des Wassers ist für ihn von Bedeutung.
Einige Inselchen und Sandbänke im Fluss laden zum Ausruhen ein.
Strudel und schroffe Felsen an anderen Stellen empfehlen ein Aus-
weichen. Große Raubfische oder Krokodile gibt es im Wasser au-
genscheinlich nicht. Das jenseitige Ufer sieht nicht einheitlich aus.
Es gibt scheinbar Steilwände, grasige Hänge und auch ganz flache
Stellen, aber einige Reisende sprachen von sumpfigen Bereichen...

Die Ebene dahinter ist breit und wirkt einladend. Bäume gibt es nur vereinzelt und große Tiere sind nicht zu erkennen. Die Berge am Horizont sind zu weit entfernt um mehr zu erkennen, als dass sie recht hoch sind – allerdings nicht schneebedeckt. Das Land dahinter entzieht sich dem Blick. Es lassen sich darüber nur einige wenige sinnvolle Vermutungen anstellen. Über diese hinaus kann man erst weitere Vorbereitungen treffen, wenn man von der Höhe der Berge auf das bis dahin ungesehene Ziel herabblickt.

Alle Menschen begeben sich irgendwann auf diese Reise. Schon alleine deshalb, weil das diesseitige Ufer des Stromes auf Dauer reizlos ist. Die Landschaft ist uninteressant, steppenartig und ohne Abwechselung. Die Vergnügungen und Streitigkeiten der Menschen untereinander werden auch bald langweilig. Da reizt die Reise zu neuen Gefilden. Viele Menschen machen sich auf, ohne um das Ziel ihrer Reise zu wissen. Sie bewegen sich einfach in die einzig mögliche Richtung. Manche wollen nur etwas schwimmen. Andere vielleicht zu einer der lieblichen Inselchen gelangen – und von dort aus gehen sie dann irgendwann weitere Schritte. Nur wenige machen sich ganz bewusst auf die Reise ins unbekannte Land und planen sie.

Aber selbst unter ihnen unterscheiden sich die Reisevorbereitungen vom einen zum anderen mehr oder weniger stark. Klar, die Extreme sind sowieso zu meiden. Zum Beispiel ist da einer, der sich mit Steigeisen, Karabinerhaken und Seilen fürs Bergsteigen behängt, aber dann ohne Boot und ohne schwimmen zu können einfach ins Wasser steigt. Seine Reise endet schon nach drei Metern auf dem Grund des Flusses. Dann ist da einer, der glaubt, dass es im Land hinter den Bergen fliegende Elefanten gibt, die sich den Reisenden auf die Köpfe setzen. Er hat aus Eisen einen schweren Schild gebaut, unter dem er sich vor den Elefanten verstecken kann. Dieser Schild kann ihm auf der ersten Etappe seiner Reise sogar wirklich nützlich sein – indem er ihn umdreht und als Boot benutzt. Spätestens auf der anderen Seite des Flusses beginnen aber seine Probleme. Wie bekommt er ihn an Land? Wie schafft er ihn über die Ebene und dann sogar über die Berge? Und Gipfel der Gemeinheit, im Land hinter den Bergen gibt es garkeine fliegenden Elefanten!(Womit wir wahrscheinlich nicht mehr verraten haben, als ihr ohnehin schon geahnt habt.)

Da sind im Grunde sogar die Kurzsichtigen besser dran, die sich nur damit beschäftigen, schwimmen zu lernen und loszuschwimmen. Wenigstens diese nächstliegende Anforderung haben sie erfolgreich bewältigt. Sie werden zwar vielleicht abgetrieben, geraten in Strudel oder erreichen eine Insel und halten sie dann für das Ziel ihrer Reise, weil sie keine weitere Perspektive haben, aber es besteht doch die Hoffnung, dass dem ersten sinnvollen Schritt der nächste folgt, wenn es soweit ist.

Doch auch unter den effektiv Planenden, Weitblickenden gibt es unterschiedliche Gewichtungen der einzelnen Etappen und der notwendigen Vorgehensweise. Es gibt auch nicht die eine, perfekte Herangehensweise. Weder im voraus gesehen, noch rückblickend nach Beendigung der Reise. Aber man kann schon sagen, dass es sinnvoll ist, Schwimmen zu lernen, ein Boot zu bauen, Strudel zu umschiffen, langes Verweilen auf Inseln zu meiden, nicht Steilufer und sumpfige Abschnitte anzulaufen, auf der anderen Seite das Boot nicht über Land mitzuschleppen, festes Schuhwerk zum Durchqueren der Ebene und mehr noch zum Überqueren der Berge dabeizuhaben, einige Nahrungsmittel, Trinkwasser, ein paar einfache Werkzeuge, Verbandsmaterial und eine Decke für die Nächte mitzunehmen und in die Richtung auf die Berge zuzugehen, in der sie am niedrigsten sind und es augenscheinlich oder nach Auskunft kompetenter Reisender einen Pass gibt.

Und jene wenigen, die sich planvoll und zielorientiert, gut gerüstet und entschlossen auf die Reise begeben, machen sich dadurch füreinander erkennbar. Sie bilden auf diese Weise eine dem Außenstehenden verborgene aber doch umfassende Gemeinschaft, die wir die „Bruderschaft der Reisenden" nennen könnten. Sie sind einander innig verbunden durch die gemeinsame Anstrengung und das gemeinsame Ziel. Sie sind einander eine Stütze und eine Bestärkung auf dem Weg. Zwar wird jeder von ihnen sich bemühen, auch anderen Reisenden zu helfen, die sie auf ihren Wegen treffen, aber denen gegenüber bleiben ihre Hilfsmöglichkeiten durch deren eigene beschränktere Perspektiven begrenzt. Untereinander aber schauen sie sich mit wissendem Blick in die Augen, und allein dadurch teilen sie ihre Kraft und werden so doppelt gestärkt. An jedem Punkt der Reise heißen sie jeden willkommen, der seine Augen für das allen Menschen gemeinsame Ziel öffnet. Und doch gehen alle in Freiheit ihren ganz persönlichen Weg.

Wer Ohren hat, der höre!

Die komplexe Gestalt des Menschen

Am Anfang meiner spirituellen Suche sagte mein erster Instrukteur zu mir, dass er aus spezifischen Gründen nicht mein Lehrer sein könne. Vielmehr gehöre zu meinen Aufgaben, dass ich meinen ersten Lehrer aus eigener Kraft finden müsse – wohingegen er ja schließlich mich gefunden habe und somit ausfalle. Meine daraus resultierende Verzweiflung war so groß, dass er mir schließlich ein Bild gab. Er sagte, es handele sich dabei um die Zeichnung eines paläolithischen Höhlenbildes und beinhalte tiefes Wissen über die komplexe Gestalt des Menschen. Damals sei spirituelles Wissen nicht durch Schrift weitergegeben worden, sondern wörtlich und durch Bilder. Sobald ich ihm eine umfassende Deutung des Bildes vorlegen könne, würde er für mich von da an sein, was ich wünsche. Dabei lächelte der Schuft listig und meinte, das würde aber wahrscheinlich schon eine Weile dauern. Es dauerte dreiundzwanzig Jahre.

Eines wurde mir aber schneller klar. Das spirituelle Wissen der Menschen war – wenn die oberflächlichen religiösen Vorstellungen sich auch stark von den heutigen unterschieden haben mögen – vor über 12.000 Jahren bereits ebenso komplex und verfügbar wie heute. Auf dem Gebiet hat es keine oder kaum Fortschritte gegeben. Wahrheitsforschung ist eben kein absoluter Prozess, sondern ein persönlicher. Und als solcher konnte er schon vor tausenden von Jahren alle Tatsachen aufdecken.

Arme, Beine und Leib stehen für den grobstofflichen Körper. Die beiden größeren Kreise anstelle des Kopfes stehen für den psychischen und den noetischen Körper, die den grobstofflichen Körper überragen. Die zwei Kreise aus Punkten außerhalb der beiden durchgehenden Kreise stehen für die psychischen und die noetischen Elementale. Sie liegen außerhalb, weil sie zwar einerseits direkt zur Alltagspersönlichkeit gehören, aber andererseits auch direkt nach außen auf andere Menschen wirken. Den kleinen, freistehenden Kreis mit dem Punkt in der Mitte identifizierte ich schließlich als das höhere Selbst mit dem permanenten Atom.

Nur den innenliegenden Kreis aus Punkten konnte ich zuletzt noch einige Jahre nicht zuordnen. Vom Bild her schienen sie mir zu den Elementalen zu gehören – aber warum waren sie innen? Ohne Einfluss auf andere Menschen? Es sind physische Elementale! Körperelementale, die aus physischem Tun oder Nichttun resultieren. Sie beeinflussen andere Menschen nicht, denn wo hätte schon mal jemand anderes durch meine Situps einen Waschbrettbauch bekommen?

Der Lagrange-Punkt 1

Man kann den lieben Gott im Garten ausgraben.

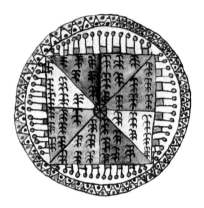

Wenn wir die Physik des Lagrange-Punktes 1 (im Weiteren L1 genannt) zwischen Erde und Sonne betrachten, entdecken wir, dass sich viele Aspekte als Gleichnis für die spirituelle Aufgabe und Entwicklung des Menschen verstehen lassen. Im Grunde gilt dies für alle beobachtbaren Phänomene - getreu dem Prinzip der Entsprechung, dem zweiten hermetischen Prinzip[2]. Der L1 ist in seiner Vielfältigkeit allerdings besonders interessant und lässt in seinen Einzelaspekten zudem noch viele unterschiedliche sinnvolle Deutungen zu.

L1 ist der Punkt zwischen Sonne und Erde, an dem sich die wechselseitigen Gravitationskräfte der beiden Himmelskörper gegenseitig aufheben. Um von der Erde aus diesen Punkt zu erreichen, muss im Verhältnis zum Gewicht des von der Erde fortbewegten Objektes eine erstaunlich große Energie aufgewendet werden. Vom Augenblick des Loslösens von der Erde an, muss für das Halten der Position über der Erde Energie aufge-

---

[2] Siehe das „Kybalion"

wendet werden. Je weiter man sich allerdings dem L1 annähert, desto geringer wird die aufzuwendende Energie sowohl für das Halten der Position als auch für weiteres Aufsteigen. An jedem Punkt des Aufstiegs aber gilt: Ohne Energieaufwand beginnt der Rücksturz zur Erde. Dies entspricht genau dem Eintritt des Erwachenden ins spirituelle Leben. Von dem Augenblick an, von dem an er beginnt, den Kontakt zum höheren Selbst und der absoluten Seinsheit zu stärken und die Dominanz der Alltagspersönlichkeit zu überwinden, ist beständige spirituelle Praxis nötig. Nicht übermäßig viel, aber täglich. Relativ gesehen ein wenig, um das erreichte Niveau zu halten und etwas mehr, um voranzuschreiten. Durch die Annäherung wächst die Unterstützung, dadurch sinkt der **notwendige** Aufwand bei gleichzeitigem Steigen des **möglichen** Aufwandes. Unter dem Strich bedeutet dies Beschleunigung. Das Erreichen von L1 steht für den Moment, von dem an der Schüler praktisch selbst ohne Eigenleistung gezogen wird. Von hier an kann er sich nur noch durch Energieaufwand der Anziehung entgegenstemmen – was manchmal durch Widerstände im Bereich der Alltagspersönlichkeit geschieht.

Ein weiterer Aspekt, den man auf die spirituelle Arbeit beziehen kann, ist der des Gewichtes des Individuums im Wechselspiel zwischen Erde und Sonne. Man kann annehmen, dass die spirituelle Praxis nicht nur von der Erdoberfläche weg beschleunigt, sondern dass durch sie auch das Gewicht bzw. physikalisch korrekt die Masse reduziert wird. Die Masse ist – zumindest vor dem Erreichen des L1 – das, was uns an die Erde bindet, was uns zurückhält, sozusagen die weltlichen Aspekte der unveredelten Alltagspersönlichkeit. Durch die Reduktion der Masse wird immer weniger Energie nötig, um ein bestimmtes Niveau über der Erde zu halten bzw. von der Erde weg zu beschleunigen. Anders herum ausgedrückt, bei gleichem Energieaufwand wird die Beschleunigung stärker. Scheinbarer Nachteil nach Erreichen von

L1: Die Sonne „zieht" auch weniger stark bei niedrigerer Masse. Aber auch dies wird durch den Effekt ausgeglichen, dass bei sinkender Masse und gleicher Beschleunigungsenergie die Beschleunigung zunimmt. Man kann annehmen, dass ein vollkommen entwickelter Meister irgendwo auf dem Wege zwischen Erde und Sonne seine Masse als Ausdruck seiner Vollkommenheit gänzlich verliert. Geschieht dies beim Erreichen der Sonne? Oder vorher? Kann man diskutieren. Was bedeutet es aber für das Meister-Individuum? Es hat sich aus der Lagrange-Physik ausgeklinkt, denn es wirken ja auf ein masseloses Objekt keine Gravitationskräfte. Der Meister wäre in der Lage, durch einen Willensakt jeden Punkt zwischen Erde und Sonne aufzusuchen, um dort befindlichen anderen Individuen zu helfen. Anzunehmen, dass dies auch geschieht – wo es sinnvoll ist.

Wenn wir Tote, Schläfer und Erwachte auf die Umstände des L1 übertragen, sehen wir, dass Tote einfach auf der Erde liegen. Sie mögen an verschiedenen Stellen liegen – etwa auf einem Berg oder in einem Tal. So gesehen können sie dem L1 näher oder ferner sein. Wenn wir die Erdrotation mitbedenken, werden sie aber immer wieder über die Nachtseite der Erde herumgetragen und entfernen sich also zyklisch von L1. Ebenso nähern sie sich L1 zyklisch wieder an. Der Tote ist erdgebunden. Er kann sich nicht durch Eigeninitiative erheben. Allerdings wird durch die stetige Annäherung und Entfernung von L1 ein permanenter karmischer Reiz ausgeübt (entfernst du dich, erhöht sich der karmische Druck, näherst du dich, wird Erlösendes spürbar), der den Toten in einen Schläfer und den Schläfer in einen Erwachenden verwandelt. Schläfer verfügen über eine gewisse Mobilität. Sie können im Schlafwandeln sogar auf Hügel steigen, sich manchmal sogar im Traum dem L1 nähern. Wirklich aktiv werden sie aber nicht – bleiben also erdgebunden. Erst der Erwachende, der sich vom Erdboden löst, beginnt sich auf mehr oder weniger gerader Bahn Richtung L1 zu bewegen. Die Erde beginnt, unter ihm „hindurchzurotieren", verliert also auch darin ihren Einfluss auf den Suchenden.

L1 befindet sich etwa auf einem 150stel des Weges von der Erde zur Sonne. So klein ist die Eigenleistung, die der Suchende auf seinem Weg zur Einswerdung mit dem Höchsten bringen muss. Nach L1 könnte er sich völlig der aktiven Anziehungskraft der Sonne überlassen und würde mit absoluter Sicherheit dort ankommen. Allerdings ist kaum davon auszugehen, dass so etwas jemals geschieht. Schließlich spielt der Zeitfaktor eine Rolle. Verstreichende Zeit bedeutet immer Leiden der Unerlösten – den nicht vollendeten Meister eingeschlossen. Darum geht mit fortschreitender Entwicklung immer eine stärkere Ausrichtung und stärkerer Einsatz für das Erreichen des Ausrichtungszieles einher, um so früher, mehr und besser Leiden zu lindern.

Im Gleichnis vom verlorenen Sohn[3] wird das Gleiche beschrieben. Der Sohn erkennt, nachdem er sich ganz der „Erde" hingegeben hatte, seine Sohnschaft und Bestimmung und macht sich auf den Rückweg zum Vater (Sonne). Der Vater eilt ihm entgegen, so dass sie sich schon am L1 begegnen und der Vater ihn den ganzen Rest des Weges nachhause führt. Auch hierin kommt die relativ geringe Eigenleistung und das große Ausmaß der Unterstützung zum Ausdruck, die uns alle an das Ziel unserer Reise bringen könnten.

[3] Lukas 15.11.32

Reisebegleiter

Findet ein Mensch auf der großen Reise des Lebens keinen Begleiter,
der ihn an Tugend übertrifft oder der ihm zumindest gleichkommt,
so mag er freudig seinen Weg allein beschreiten. Ein Tor kann ihm auf
seiner Reise nicht behilflich sein.

(Dhammapada)

Das einleitende Zitat beinhaltet einen logischen Widerspruch, wenn man ein wenig darüber nachdenkt. Also „Stopp!" Jetzt erstmal nicht weiterlesen. Im Ernst! Mach hier mal Pause und denke nach, ob dir der Widerspruch auffällt. Hey! NICHT WEITERLESEN...

Wenn du dann den Widerspruch erkannt hast, kannst du versuchen, denselben auf einer höheren Ebene aufzulösen. Also wieder Lesepause und nachdenken... Selber den Hirnkasten, die Birne, den Dez, die Melone, den Nischel, die Rübe, den Schädel, das Oberstübchen benutzen.

Es wäre interessant, mal eine statistische Darstellung zu sehen, wieviele Leute tatsächlich nachdachten, bevor sie weitergelesen haben. Diese Art von Feedback wird dem Autor wohl leider nie zuteil werden. Die Menschenkenntnis lässt ihn aber argwöhnen, dass es viele ohne Unterbrechung bis zu dieser Stelle geschafft haben.

Der Widerspruch liegt darin, dass es sich bei dem Zitat um keine allgemeingültige Rechtleitung handeln kann, denn wenn man im Idealfall eine sich selbst an Tugend überlegene Person als Reisebegleitung finden soll, dann muss diese Person doch entweder das Zitat nicht kennen – oder es ignorieren. Sonst würde **sie** sich doch keinen Toren (im Vergleich zu ihr) als Begleitung suchen, oder?

Soviel zum Widerspruch. Was fällt bei weiterer Betrachtung auf? Erstens soll man seinen Weg in Ermangelung edler Freunde **freudig** allein beschreiten. Das heißt, dass das Beschreiten des Weges oder auch das ausgerichtete Voranschreiten **an sich** schon Freude ist und als solche begriffen werden sollte. Zweitens ist das Reisen mit tugendmäßig gleichgestellten Begleitern dem Alleine-Reisen vorzuziehen. Demzufolge muss die Freude entsprechend größer sein. Hier ist viel Raum für Dankbarkeit, wenn wir auf unsere Situation schauen und hoffentlich erkennen, dass wir den Weg nicht alleine beschreiten müssen. Und drittens gibt es wohl trotz des scheinbaren logischen Widerspruchs die Situation, dass spirituell fortgeschrittenere Menschen sich gerade **nicht** zu fein sind, mit minder großen Geistern zu wandern. Und warum? Aus Gnade und weil gerade das die Aufgabe jedes Menschen ist – den kleineren Geschwistern nach Möglichkeit voranzuhelfen.

Tut es etwas zur Sache, dass der Autor leider das obige Zitat einfach nicht im Dhammapada finden kann? Vielleicht hat er es übersehen, vielleicht stellt obiges Zitat eine durchaus berechtigte Überinterpretation dar. Wer die Stelle findet informiere den Autor bitte. Er fand nur folgende, inhaltlich schwächere aber dafür im Bild stärkere Variante:

Wer keinen weisen Freund und Begleiter hat,
der sich gut verhält, standhaft ist,
wie ein König, der sein erobertes Land aufgegeben hat,
allein soll er wandern -
wie ein Elefant im Elefantendschungel.
(aus Dhammapada, Mahavagga X.03-06)

Das Psychopraktik-Symbol

Das einfache Psychopraktik-Symbol stellt die drei Aspekte des in der Welt lebenden Menschen zusammen mit der Möglichkeit der Überwindung dieser Welt dar. Die drei waagerechten Balken begrenzen die Ebenen nach oben. Der untere Balken steht für die grobstoffliche Ebene, der mittlere für die emotionale Ebene und der obere Balken für die gedankliche Ebene. Die zwei bis zum dritten waagerechten Balken nach oben aufeinander zu laufenden Balken symbolisieren den Entwicklungsweg des Menschen innerhalb der Welt in seiner dualen Form. Die zwei Balken verschmelzen im oberen waagerechten Balken zu einem einzigen senkrechten Balken. Dies steht für das Ziel des Menschen, sein höheres Selbst zu verwirklichen und die Aufgaben innerhalb der dualen Welten zu lösen.

In seiner komplexen Form mit dem umschließenden Dreieck stellt das Symbol die Psychopraktik stärker in den spirituellen Kontext. Das äußere Dreieck steht für die göttliche Dreieinigkeit innerhalb derer sich die ganze Schöpfung entfaltet. Der in den Trennungswelten sich offenbarende Gott wird durch das kleine innere Dreieck dargestellt, das durch den mittleren Querbalken und die zwei nach oben aufeinander zulaufenden Balken gebildet wird.

Die weiterentwickelte Form des Psychopraktik-Symbols ist das Symbol des entwickelten Meisters. Es ist ein Idealbild, das die vollkommene Herrschaft des höheren Selbstes über die Alltagspersönlichkeit in den dualen Welten symbolisiert. Hinweise gehen dahin, dass dies mit der vollkommen Herrschaft über die Welten der Trennung einhergeht.

Quadratur des Kreises

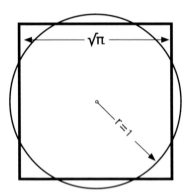

Obgleich es schon seit der frühen Antike akzeptable Näherungen an das Problem der Quadratur des Kreises gegeben hat, konnte erst 1882 der Mathematiker Ferdinand von Lindemann beweisen, dass man – nur mit Zirkel und Lineal ausgestattet – das Problem nicht lösen kann. Laienhaft ausgedrückt könnte man sagen, dass man sich der Lösung unendlich annähern kann, ohne sie je zu erreichen.

Genauso ist es im spirituellen Bereich mit der Annäherung an die Verwirklichung des höheren Selbstes innerhalb der Alltagspersönlichkeit. Einerseits gehen wir dabei immer mehr ins Detail und andererseits werden diese Details in ihren Konsequenzen immer geringfügiger. Außer eben in dem einen Punkt, dass es scheint, dass eine völlige Übereinstimmung nicht zu erreichen ist und somit das ursprüngliche Anliegen nicht erfüllt werden kann.

Der Kreis ist ein Symbol für die höhere Welt jenseits der Welten der Trennung. Das Quadrat ist ein Symbol für eben diese Welten der Trennung, für die gröberen und feineren stofflichen Ebenen. Die Quadratur des Kreises stellt also wie schon gesagt das Vordringen des Göttlichen in die Trennungswelten dar. Von oben nach unten. Welche Bewegung entspricht dem auf der anderen Seite? Wir könnten vermuten, dass das Quadrat vielleicht schon einen idealen Endzustand darstellt. Schauen wir einmal auf die geometrischen Tatsachen.

Und was finden wir dort? Eine hierarchische Entwicklungslinie vom Viereck bis zum Quadrat bei der zunehmende Ordnungskriterien schließlich in einer höchsten Form enden. Die Stufen sind (unter Auslassung einiger Nebenformen) folgende:

1. Das Viereck hat vier gerade Seiten und vier Winkel (Ecken).

2. Das Trapez hat zwei gegenüberliegende Seiten, die parallel zueinander sind.

3. Das Parallelogramm zeichnet sich dadurch aus, dass die jeweils gegenüber liegenden Seiten parallel zueinander sind.

4. Das Rechteck ist zudem noch mit vier rechten Winkeln ausgestattet.

5. Das Quadrat hat neben den vier rechten Winkeln auch noch vier gleich lange Seiten.

Wir können feststellen, dass jede höhere Stufe jeweils die niedrigere beinhaltet. Also jedes Trapez ist auch ein Viereck. Jedes Parallelogramm ist auch Trapez und Viereck. Jedes Rechteck ist auch Parallelogramm, Trapez und Viereck. Jedes Quadrat ist auch Rechteck, Parallelogramm, Trapez und Viereck.

Die Bewegung von unten nach oben und damit die Aufgabe der Alltagspersönlichkeit zum Umgang mit sich selbst ist demnach, dass sie sich zunehmenden Ordnungskriterien unterwirft und diese verwirklicht **ohne** ihre ursprüngliche Natur zu verlieren. In Anlehnung an die Aufgabe des höheren Selbstes könnten wir diese Aufgabe als die Quadratur des Vierecks bezeichnen. Diese Aufgabe ist lösbar, wie wir gesehen haben.

Ist vielleicht die Quadratur des Kreises nur aus der Sicht der Alltagspersönlichkeit nicht lösbar? Vielleicht ist sie aus der göttlichen Perspektive schlicht die Aufgabe – und ebenso umsetzbar wie die Quadratur des Vierecks. Vermutlich ist es so, aber diese Wahrheit können wir naturgemäß als Alltagspersönlichkeiten nicht erfassen.

Die spirituelle Praxis zielt mit ihrer zweigliedrigen Ausformung genau auf die Umsetzung sowohl der Quadratur des Kreises, als auch auf die Quadratur des Vierecks. Das eine bedeutet, die Perspektive der Alltagspersönlichkeit dauerhaft zu verlassen. Das andere bedeutet, die Alltagspersönlichkeit durch beharrliche Modifikationen immer transparenter für das höhere Selbst zu machen. Beide zusammen stellen das wechselseitige Heben und Senken der Füße beim Voranschreiten dar.

Der Rattenfänger von Hameln

Im Jahre 1284 erreichte ein für lokale Gebräuche seltsam gekleideter Mann Hameln. Er war ein „guter Mensch"[4] aus dem deutschsprachigen Raum und nannte sich Wiglud. Seine kleine Gemeinschaft aus dem Kölner Umland hatte sich unter dem zunehmenden Inquisitionsdruck, der sich während der letzten Jahrzehnte nach der Zerschlagung der italienischen und südfranzösischen katharischen Gegenkirchen auch auf die dezentraler organisierten Gruppen außerhalb der Kerngebiete auswirkte, aufgelöst und war wie die Samen einer Pusteblume in alle Welt aufgebrochen, um neue Wirkungsstätten zu finden.

Er war bereits seit einigen Wochen unterwegs und hatte die Reise zu Fuß unternommen. Das Frühjahr war angenehm gewesen und unterwegs hatte er in den Dörfern und Weilern mit

---

[1] Selbstbezeichnung der katharischen Christen

seinem Flötenspiel die Leute unterhalten und dafür das Essen mit den Menschen geteilt und in ihren Scheunen und Häusern einen Platz im Stroh zum Schlafen bekommen. Wiglud war auch ein unterhaltsamer Geschichtenerzähler und konnte gerade die einfachen Menschen durch seine anrührenden Berichte ansprechen und ihnen ein wenig Moral nahebringen, ohne besonders gebildet oder lehrerhaft zu wirken. So zog er durch die Lande und erweckte auch bei den weltlichen und geistlichen Herren keinen Argwohn. Bei den Armen und Räubern hingegen erweckte er keine Begehrlichkeiten, denn er besaß nur seine einfache Flöte und sein seltsames Gewand.

In Hameln schien er bleiben zu wollen, denn er nahm bei Gelegenheit sogar Arbeit auf dem Markt an, verbrachte viel Zeit auf dem Marktplatz und musizierte und sprach mit den Menschen. Besonders junge Leute ließen sich von seinen Erzählungen begeistern und nannten ihn schon nach kurzer Zeit Wiglud den Weisen. Er ging auch mit allen Anzeichen von Respekt am Sonntag zum Gottesdienst und war zu allen Würdenträgern angemessen höflich – wie eigentlich zu allen Menschen.

Im Frühsommer des Jahres entwickelte sich aber eine Rattenplage im Ort und die Tiere nahmen dermaßen an Zahl zu, dass sie schließlich sogar die Menschen in ihren Betten angriffen. Schnell kamen die Leute darin überein, dass der seltsam gekleidete Fremde mit einem Zauber die Ratten aus der Stadt vertreiben könnte. Wiglud wies dies erst von sich, aber er erkannte bald, dass sich der Wind auch drehen konnte und er als Verursacher der Rattenplage würde gelten können. Er sah, dass seine Zeit im Ort sich dem Ende näherte und so beschloss er, den Menschen einen letzten Entwicklungsanschub zu geben. Er sagte ihnen, dass er mit seiner Flöte die Ratten aus der Stadt locken könnte, aber als Gegenleistung verlangte er von allen Leuten, die dadurch einen Vorteil erlangten, gewisse Verhaltensänderungen.

Gesagt getan! Am nächsten Vormittag zog Wiglud Flöte spielend durch die Stadt. In Wirklichkeit projizierte er machtvolle Elementale, die für die Ratten unwiderstehlich waren. Gerüche, Bilder, Antriebe. Es funktionierte wunderbar und alle Ratten folgten dem „Rattenfänger" aus der Stadt heraus. Sie zogen gemeinsam in die Wälder und nach einem weiten Marsch löste der „gute Mensch" die Elementale auf und die Ratten flohen in die tiefen Wälder. Darauf kehrte Wiglud nach Hameln zurück.

Die Bürger der Stadt waren froh, aber sie fühlten sich selber nicht verpflichtet, den Preis zu bezahlen. Die anderen, ja, der Nachbar, der hatte doch viel mehr profitiert. Dem hatten doch die Ratten beinahe das Wickelkind gefressen... Alle redeten sich auf beschämende Weise heraus und die engsten Freunde Wigluds verabredeten sich, diesen unverbesserlichen Ort zu verlassen, und sich gemeinsam in der Gegend anzusiedeln. So taten sie es dann auch in den nächsten Tagen und 130 vornehmlich junge Leute zogen an einen unbekannten Ort. Ob sie sich auf Klosterbesitzungen niederließen oder durch Rodungen in den tiefen Wäldern unter der Obhut eines Adeligen ein neues Dorf gründeten, ist nicht genau bekannt. Auf diese Ansiedlung moralisch empörter, idealistischer Menschen, die mit dem Unverständnis und der Uneinsichtigkeit ihrer Umgebung brechen wollten, führt die „Spirituelle Gemeinschaft im Hamelner Land" ihre Entstehung zurück.

Hameln jedoch ging beinahe eine ganze Generation junger Leute verloren und weil die Zurückgebliebenen ihre eigene Schuld an dem Geschehen nicht wirklich eingestehen aber auch nicht gänzlich abstreiten konnten, überlieferten sie die Ereignisse in Form des Märchens vom Rattenfänger, bei dem es nur um schnödes Geld ging und zudem Kinder quasi durch Zauberei entführt wurden.

Die Brückenparabel

„Eine Brücke ist eine Krücke."
(Clemens Satorius)

Wir sind von allen unseren Mitmenschen durch einen breiten Strom getrennt. Wir stehen an der Mündung dieses Flusses auf verschiedenen Ufern, aber auf derselben Landmasse (sonst könnte es ja kein Fluss sein). Wenn wir mit Menschen erstmalig in Beziehung treten, bauen wir zwischen uns eine Brücke von einer Seite zur anderen. Diese Brücke macht die Begegnung möglich, und wenn wir einander besser kennenlernen, wandert die Brücke gleichsam flussaufwärts und wird dabei – entsprechend der abnehmenden Breite des Flusses - kürzer und kürzer. Der Abstand zwischen uns wird kleiner. Da wir uns bei unseren Kontakten in der Mitte der Brücke treffen, können wir durch die Verkürzung der Brücke von der Mitte aus immer mehr Details auf dem gegenüberliegenden Ufer erkennen. Wir lernen einander besser und besser kennen. Dann gehen wir vielleicht sogar wechselseitig mal näher an das eine oder andere Ende der Brücke heran. Der Einzelne gibt bewusst persönliche Einzelheiten preis.

Nun ist die entstandene Brücke keine Autobahnbrücke, sondern natürlich eine Fußgängerbrücke. Allerdings hat sie eine Besonderheit: An jedem Ende der Brücke befindet sich eine Gittertür, die jeweils nur derjenige öffnen oder schließen kann, auf dessen Seite sie sich befindet. Beim ersten Kontakt ist diese Tür eigentlich immer auf beiden Seiten offen und bleibt es auch, solange die Bekanntschaft für beide Personen belanglos und flüchtig bleibt. Es können sich aber im Prozess der Kennenlernens und des damit einhergehenden Verkürzens der Brücke Situationen ergeben, in denen das Interesse schwindet. Ist das bei beiden Seiten so, so wird die Brücke einfach nicht mehr begangen oder nur noch in Einzelfällen benutzt. Das ist zum Beispiel dann gegeben, wenn man jemanden kennenlernte, bei dem man nach einiger Zeit feststellte, dass die Interessen doch recht unterschiedlich sind – außer, dass man hervorragend mit ihm Squash trainieren kann. Und das macht man dann auch jeweils freitags nach der Arbeit von 16 Uhr bis 17 Uhr – und dabei bleibt es. Die Brücke wird dann nicht mehr kürzer. Sie bleibt einfach so, wie sie ist. Sie bleibt sogar so, wenn wir mit jemandem gar nichts mehr zu tun haben. Darum können wir manchmal Schulkameraden aus der achten Klasse treffen und verstehen uns auf Anhieb gut, obwohl wir uns zwanzig Jahre nicht gesehen haben.

Es gibt aber auch Fälle, in denen einer einseitig den Kontakt abbricht und die Gittertür auf seiner Seite schließt. Bei oberflächlichem Kontakt ist das meist nicht sonderlich problematisch. Bei engen Freundschaften, Beziehungen oder Familienbanden kann es dagegen recht schmerzlich zumindest für die andere Seite werden. Oft reagieren Menschen darauf, indem sie nach einer Weile auch die Gittertür auf ihrer Seite schließen. Die Länge der Brücke ändert sich allerdings auch dadurch nicht.

Manchmal treffen sich solche Leute nach langer Zeit wieder. Sie öffnen die verschlossenen Türen aus Neugier oder weil sie zurückliegende Ereignisse anders bewerten, und schon nach wenigen kurzen Schritten stehen sie sich in alter Vertrautheit gegenüber. Das kann recht anrührend sein. Manchmal treffen sich solche Personen auch erst nach einer oder mehreren Lebzeiten wieder. Dann begegnet man Menschen scheinbar zum ersten Mal und hat – weil man ja bei „Erstkontakten" die Türen auf hat – plötzlich unheimlich nahe Begegnungen. Das ist sogar noch viel anrührender.

Besonders interessant ist aber der Effekt, wenn eine Seite die Tür verschließt, und der andere seine eigene Tür offen hält.

(Oder zumindest nach einer kurzen Phase der Verletztheit oder gar des Zornes seine eigene Tür wieder öffnet.) Wenn die Beziehung eng war, ist die Brücke ja kurz und erlaubt demjenigen mit offener Tür, mit wenigen Schritten nah an die Gittertür des Gegenübers heranzutreten und einen detailreichen Blick auf das Ufer des anderen zu werfen. Er kann dem anderen gar nicht mehr fern sein, auch wenn die Nähe sich nicht in der Welt offenbaren kann und der Andere aufgrund seiner verschlossenen Tür nichts davon weiß.

Der schwer zu erreichende Idealzustand wäre natürlich der, dass wir die Brücken zu allen Menschen so weit den Fluss hinauf verschieben, dass wir die Quelle erreichen und kein Mensch mehr seine Türen verschließt. Dann stehen wir einander ungetrennt und ohne Notwendigkeit einer Brücke gegenüber.

Vertiefe Dich einmal in dieses Bild und forsche anderen, ungenannten Aspekten nach. Überlege auch, welche Verhaltensnotwendigkeiten sich ergeben bzw. wie sie in das Bild passen. Wozu dient die Annäherung an bestimmte Sachverhalte mit Hilfe von Bildern, Gleichnissen und Parabeln? Auch das erforsche.

Vom Treiben, Schwimmen und Tauchen

Stell dir vor es geht und keiner kriegt's hin![5]

Mit der Geburt wird der Mensch in die Welt geworfen, wie in ein Meer. Seine Eltern halten das Kleinkind an der Oberfläche und sorgen sich um alle seine Bedürfnisse. Mit der Zeit lernt das Kind, an der Oberfläche zu treiben oder selber zu schwimmen und auch alle anderen Belange des Lebens an der Oberfläche. Durch die scheinbare Notwendigkeit der Luft-Atmung halten alle Menschen ihre Köpfe aus dem Wasser und dadurch wird ihre Lebensperspektive bestimmt.

Alles was auf oder über der Oberfläche geschieht, ist für sie von Bedeutung. Dort sieht man die Köpfe anderer Menschen. Manchmal auch Arme, Beine oder einen Bauch – je nachdem, wie die Menschen schwimmen oder sich treiben lassen. Außerdem treiben dort noch viele verschiedene Sachen wie Fernseher, Autos, Modeartikel, Handys und Computer. Alles Mögliche eben. Was man interessant findet wird ergriffen. Manchmal muss man lange suchen und weit schwimmen, um ein bestimmtes Ding zu finden, das man vorher bei irgendeinem anderen Menschen sah. Hat man ein Ding gefunden, kann man sich daran klammern. Mit der Zeit wird es weniger interessant. Dann lässt man es los. Es treibt noch mehr oder weniger lange in der Nähe und kann bei Bedarf wieder ergriffen und benutzt werden. Schließlich gehen die Dinge kaputt und versinken. Das gilt im übertragenen Sinne auch für die Menschen. Sie werden alt und sterben. Die an der Oberfläche sind dann eine Weile traurig – bis sie wieder ganz im Oberflächenleben aufgehen.

Einige Menschen fragen sich, was unter der Oberfläche ist. Sie stellen untereinander Vermutungen darüber an. Es gibt rivalisierende Theorien. Manche meinen, man könne den Kopf einfach unter Wasser halten und die Augen öffnen. Nein, sagen andere, dann würde man ersticken und erblinden. Das weiß schließlich jeder und hat es schon seit seiner Geburt von den Eltern erlernt. Erst ganz zuletzt versinkt man. Wohin? Das ist ein Mysterium!

Ein paar ganz forsche Gesellen halten die Luft an und senken den Kopf unter Wasser. Wenn sie dann noch die Augen öffnen, sehen sie ein Stückchen einer anderen, unbekannten Welt. Sie blicken in eine neue Richtung. Aber die Angst hält sie zurück. Schließlich könnten sie ja ersticken oder erblinden, nicht wahr? Wenn sie anderen von ihren Eindrücken berichten, werden sie meistens belächelt oder schlicht ignoriert. Halluzinationen! Wahnvorstellungen! Unsinn! Kommt vom Sauerstoffentzug... Kümmere dich lieber um die realen Dinge, die um dich herum treiben.

Es gibt Sicherheit, sich an die Abläufe und Notwendigkeiten an der zweidimensionalen Oberfläche zu halten. Im Grunde ist es aber eine Ablenkung von der unwiderlegbaren Tatsache, dass schließlich alles versinkt – und damit in eine dritte Dimension abtaucht. Manche lässt diese Einsicht nicht mehr los. Sie wollen einfach mehr erfahren. Sie üben, unter Wasser zu sehen, vielleicht sogar zu tauchen. Sie tauschen sich aus über die Dinge, die sie wahrnehmen. Auch darüber, wie man am besten schaut oder taucht. Ganz Fortgeschrittene oder Mutige merken irgendwann, dass man auch unter Wasser „atmen" kann – jedenfalls erstickt man dort keineswegs und muss nicht immer schnell an die Oberfläche zurück. Sie erschließen sich wirklich eine neue Dimension. Sie lassen die oberflächlichen Dinge oberflächliche Dinge sein. Ohne Scheiß – das kann jeder!

Drei Männer auf der Hängebrücke

„Kind," sagt der Meister, „bei der Lösung deiner Aufgaben musst du vorgehen, wie der Mann, der drei andere Männer beim Überqueren einer Hängebrücke beobachtete. Als sie schon ganz nah am Rand der Seite waren, auf der sich auch der Beobachter befand, rissen plötzlich die Seile und die drei Wanderer stürzten in die Tiefe. Als unser Beobachter zur steil abfallenden Kante der Schlucht geeilt war, sah er die Männer unter sich hängen. Der Erste hing an den letzten Resten der Brücke. Der Zweite hing an den Füßen des Ersten und der Dritte wiederum klammerte sich verzweifelt an die Füße des Zweiten. Offensichtlich gab es nur einen sinnvollen Weg, möglichst alle drei zu retten. Sag mir, was würdest du tun? Was leitest du daraus ab?"

Gar nicht so einfach. Dem Aspiranten läuft das Hirn heiß. Erstmal das Naheliegende klären. Den ersten Hängenden an den Handgelenken greifen und alle drei am Stück aus der Schlucht ziehen wird wohl nicht klappen können. Wichtig: Nicht lange zögern! Ansonsten löst sich das Problem zwar nicht von allein, aber die weitere Auseinandersetzung damit wird überflüssig...

Also, wenn möglich ein Seil, ein Seilstück, den Gürtel aus der eigenen Hose oder einen stabilen Ast greifen. Falls nichts zur Hand ist, muss der ausgestreckte Arm reichen. Dann neben den Hängenden auf den Bauch werfen. Allen drei gut zureden. Vielleicht den Griff des ersten durch Festhalten stärken. Im Idealfall dem Untersten das Seil zuwerfen und ihm beim Aufstieg helfen. Ist das Seil kurz, oder nur ein Stock zur Hand, oder nur eine entgegengestreckte Hand verfügbar, den Untersten zum Emporklettern motivieren. „Los, zieh dich hoch, ja weiter! Greif dann den Gürtel des Zweiten, seine Schulter!" Der Erste und der Zweite müssen Durchhalten. Die Griffe und dann die Tritte ertragen.

Es wird leichter, wenn der Ast oder der Gürtel erreicht ist. Ziehe den Untersten hoch. Ja, geschafft!

Nach dem Muster auch dem Zweiten helfen. Dem Ersten zureden, dem Zweiten auch. Der Dritte, jetzt Gerettete, kann vielleicht schon helfen, mit zupacken. Ja, er tut es. So geht es leichter. Nur der erste kann einem Leid tun, aber er hält durch. Zäher Kerl das! Schließlich ist der Zweite oben. Nun endlich den Ersten hochziehen. Der kann gar nicht mehr alleine! Zu dritt wird er hochgezogen. Unglaublich, aber wahr. Alle gerettet.

So! Die Überlegungen haben acht Sekunden gedauert. Der Meister wartet. Aber jetzt wird es für den Aspiranten noch schwieriger. Was zum Teufel bedeutet das Ganze auf die Lösung der Aufgaben bezogen? Warum sind drei Wanderer unterwegs? Warum nicht zwei oder fünf? Wofür steht die Brücke? Wer ist der Beobachter und Rettungshelfer? Schnell jetzt. Hingeschaut und...

Die Drei ist klassisch. Dreieinigkeit ist sicher nicht gemeint. Dann also die menschliche Triade aus grobstofflichem Körper, Emotionalkörper und Gedankenkörper. Die Hängebrücke steht für das ganze Leben von der Geburt bis zum Tod. Für den Lebenslauf, den Weg des dreifach verkörperten Menschen. Oder doch eher für jeweils eine Aufgabe, die während einer Inkarnation möglicherweise gelöst werden kann? Wobei durchaus mehrere Aufgaben denkbar sind, denen dann einzeln das Brückenmodell zugrunde liegt? Scheint die Frage plausibler zu treffen!

Aber was dann? Stellen die drei Männer eine bestimmte Reihenfolge dar? Gehen sie in der Reihenfolge grobstofflicher Körper, Emotionalkörper und Gedankenkörper? Oder anders herum? Oder ist die Reihenfolge von Aufgabe zu Aufgabe unterschiedlich? Alle drei Ansätze lassen sich begründen. Eines aber ist sicher. Bei der Lösung einer Aufgabe muss nicht das nächste Greifbare getan werden und der oben hängende Mann ergriffen werden, sondern das am weitesten Entfernte, nämlich der unten Hängende. Das bedeutet zumindest, dass eine Aufgabe in ihrer ganzen Tiefe erfasst werden muss, bevor man sie löst.

Nochmal zur Reihenfolge. Nehmen wir an, der grobstoffliche Körper hängt unten, darüber der Emotionalkörper, darüber der Gedankenkörper. Nehmen wir weiter an, die Aufgabe sei die Überwindung der Wut, des Zornes. Dann müssten wir also zuerst die physischen Auswirkungen des Zornes in den Griff kriegen. Also sowohl das aus dem Zorn resultierende Handeln, als auch die physische Wirkung des Zornes wie Adrenalinausschüttung, gerötetes, verzerrtes Gesicht, aggressive Haltung. Dann den emotionalen Aspekt regulieren und zuletzt die Gedanken disziplinieren.

Oder es ist anders herum. Der Gedankenkörper hängt unten, dann der Emotionalkörper und oben der grobstoffliche Körper. Dann müssten wir zuerst die Zorngedanken loswerden, dann die damit verbundene Emotion auflösen und zuletzt den körperlichen Ausdruck überwinden.

Zorn ist zuerst eine Emotion und erst danach Gedanke und Tat. Hängt also der Emotionalkörper ganz unten? Ist vielleicht tatsächlich je nach Aufgabe die Körperanordnung variabel?

Bei alldem nicht vernachlässigen, dass die Zeit ein wichtiger Faktor ist. Schiebe die Lösung der Aufgabe nicht zu lange auf! Der Meister nickt. Gute Überlegung! Er will eine gute Überlegung hören – keine Lösung. Er will einen Prozess beobachten, eine Antwort ist eine Wand zum Dagegenfahren wenn du den Prozess nicht beobachtet hast. Hast du ihn beobachtet, erkennst du situationsbedingte Alternativen. Eine einzige Antwort schließt Alternativen aus. Einen Prozess zu begreifen hält lösungsoffen und damit flexibel. So tanzen die Meister!

Und wer ist der Beobachter?

Sich berührende Kegel

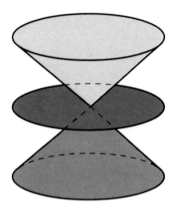

Dass Worte oft nur ein schwacher Abglanz der von ihnen transportierten Inhalte sind, ist sattsam bekannt. Trotzdem ist es immer wieder schwierig, zwischen den beiden Ebenen zu unterscheiden. Im spirituellen Zusammenhang wird als Brücke zwischen Inhalten und Worten gerne mit Symbolen oder Bildern gearbeitet. Man muss sie zwar auch mit Worten erklären, aber der einmal vermittelte Gehalt erspart bei späterer Betrachtung als Erinnerungshilfe die Wiederholung der Worte und kann darüber hinaus direkt eine höhere Verständnisebene ansprechen, wenn man sich eine Weile mit den Darstellungen auseinandergesetzt hat.

Das Bild mit den sich berührenden Kegeln ist eine gleichnishafte Darstellung des Menschen und seiner Verbindlichkeiten und Verantwortung in der Welt und sich selbst gegenüber. Es wird demgemäß auch von den „Karma-Kegeln" gesprochen. Dargestellt sind Vergangenheit, Gegenwart und Zukunft. Das Individuum bzw. die Alltagspersönlichkeit befindet sich am Berührungspunkt der beiden Kegel.

Karma heißt wörtlich ja „Tat" oder „Wirken". Allgemein verstehen wir darunter aber auch die Resultate unseres Wirkens. Die Scheibe um den Berührungspunkt herum stellt – auf karmische Wirkung bezogen – entweder den gegenwärtigen Augenblick, die gegenwärtige Stunde oder maximal den gegenwärtigen Tag dar – je nachdem, ob man ein feineres oder gröberes Betrachtungsraster ansetzt.

Wie ein in einen Teich geworfener Stein Wellenkreise um sich zieht, so hat die Alltagspersönlichkeit ebensolche Kreise um sich herum, die naheliegendes und ferneres Karma bedeuten. Naheliegendes Karma ist Karma, das unmittelbar verursacht wird. Also beispielsweise indem ich nett zu meinem Partner oder fies zu meinen Kollegen bin. Ferneres Karma ist dann etwa, wenn ich ein Produkt kaufe, das ursprünglich in einem entlegenen Land unter leidverursachenden Umständen produziert wurde.

Dabei ist zu beachten, dass diese Art von nah und fern nichts über die zeitliche Verzögerung zwischen Tat und Resultat aussagt. Man könnte sehr wohl mit einem Messer einen Mord begehen und die karmischen Konsequenzen erst viel später ernten. Die zeitliche Verzögerung wird durch die beiden Kegel dargestellt. Der untere Kegel stellt die unterschiedlich weit zurückliegenden Taten dar, die in der Gegenwart ihre Reifung vollendet haben, zum Ausdruck kommen und die Lebensumstände bestimmen. Der obere Kegel ist dagegen die zeitliche Projektion der Scheibe des gegenwärtigen Tuns in die Zukunft, wo es schließlich nah oder fern seine Wirkung entfaltet.

Der Vergangenheits-Kegel ist in genau **diesem** Augenblick nicht modifizierbar. Er ist absolut unveränderlich. Aber dadurch, dass wir uns das gesamte Konstrukt so vorstellen müssen, dass es permanent an einer gedachten, von unten nach oben ins Unendliche verlaufenden Zeitachse vorwärts geschoben wird, verändern wir durch unser Tun in **diesem** Augenblick natürlich schon den

Vergangenheits-Kegel im **nächsten** Augenblick. Darin liegt unsere Freiheit und unsere Chance.

Anders herum: Der Zukunfts-Kegel ist durch unser bisheriges Tun definiert. Leider ist dieses Tun im unfreien Zustand wiederum durch den Vergangenheits-Kegel definiert... Scheinbar eine schwer zu durchbrechende Kette! Wären wir aber in der Lage, unseren Vergangenheits-Kegel nicht in der karmischen, aber in der tatprägenden Wirkung hinter uns zu lassen, so wären wir schon im nächsten Augenblick völlig frei, einen wahrhaft heiligmäßigen Zukunfts-Kegel in den Zeit-Raum zu projizieren.

Die individuelle Realität der spirituell Arbeitenden liegt irgendwo zwischen den Extremen, wodurch die Resultate leider nicht ganz so eindeutig sind. Sie sind immer eine Mischung aus karmischer Herleitung und aktiver Modifikation. Das macht die Wahrnehmung des Maßes unserer Freiheit immer wieder schwer, aber wenn wir uns das Bild der Karma-Kegel vor Augen halten und unseren Alltag daraufhin untersuchen, werden wir viele Anzeichen für die Wahrheit dieses Bildes finden. So — und dadurch, dass wir nach und nach die Intensität unseres aktiven Modifizierens erhöhen, beschreiten wir den Pfad.

Bibel und umzu – betrachtet und gedeutet

Gleichnisse, Parabeln und Bilder

Und er sprach: Höret meine Worte: Ist jemand unter euch ein Prophet
des HERRN, dem will ich mich kundmachen in einem Gesicht oder
will mit ihm reden in einem Traum. Aber nicht also mein Knecht Mose,
der in meinem ganzen Hause treu ist. Mündlich rede ich mit ihm,
und er sieht den HERRN in seiner Gestalt, nicht durch dunkle Worte
oder Gleichnisse. Warum habt ihr euch denn nicht gefürchtet, wider
meinen Knecht Mose zu reden?
(4. Mose 12,6-8)

Ich will meinen Mund auftun in Gleichnissen und will aussprechen
die Heimlichkeiten von Anfang der Welt.
(Matthaeus 13,35)

Mit Gleichnissen oder Parabeln hat sich wohl schon jeder auseinandergesetzt. Das heißt, jeder hat schon Gleichnisse gehört
und versucht, sie zu verstehen. Was kann uns aber die schlichte
Existenz von Gleichnissen lehren? Denn wozu dienen sie überhaupt, warum brauchen wir sie?

Wir können durch diese Fragen einiges über die Funktion des
Denkens lernen – und darüber, was das Denken wohl nicht kann.
Gleichzeitig weist das Ergebnis dieser Fragen über das Denken
hinaus. Wir werden mit einer neuen, höheren Erkenntnisfunk-
tion bekannt.

Im vierten Buch Mose sind bei genauerer Betrachtung drei unterschiedliche Arten von Menschen genannt. Die Frage, ob unter „euch" ein Prophet sei, unterscheidet schon einmal zwischen
Propheten und Nicht-Propheten. Nennen wir letztere „normale
Leute". Ihnen offenbart der HERR sich nicht. Propheten dagegen tut sich der HERR kund in einem Gesicht oder durch Rede

in einem Traum. Oder, wie es bei Mose weiter unten heißt, durch dunkle Worte oder Gleichnisse. Die dritte Kategorie wird durch Moses selbst gebildet. Er „sieht den HERRN in seiner Gestalt" bzw. wird von ihm in ein mündliches Gespräch verwickelt. Moses nimmt die Wahrheit direkt wahr und tritt auch direkt in einen Dialog mit ihr ein. Das gleichnishafte Wahrnehmen oder das Wahrnehmen von Gleichnissen steht im vierten Buch Mose also quasi zwischen dem Zustand der Ahnungslosigkeit und dem unverschleierten Blick auf die Dinge wie sie sind.

Schauen wir bei Matthaeus. Die Heimlichkeiten von Anfang der Welt – also die großen, verborgenen Wahrheiten – sollen ausgesprochen werden. Und wie? In Gleichnissen! Anders sind sie eben nicht auszusprechen. Die großen Wahrheiten sind komplex, multifaktoriell und nichtlinear. Daher entziehen sie sich dem sprachlichen (intellektuellen) Herausstellen.

Folgender Spruch von Rabindranath Tagore ist vielleicht bekannt: „*Die kleine Wahrheit hat klare Worte, die große Wahrheit hat großes Schweigen.*" Zwischen der kleinen Wahrheit und der großen Wahrheit vermittelt das Gleichnis. Es ist der Versuch, das Nicht-Nennbare zu benennen, und zwar weniger durch die Worte, als durch die Reduzierung einer sehr komplexen Wahrheit auf ein weniger komplexes, aber ähnliches Beispiel. Dem Hörer, der nicht an den Worten hängen bleibt, soll durch dieses annähernd ähnliche Beispiel ein Vorgeschmack, ein erster Eindruck von der eigentlich gemeinten Wahrheit gegeben werden.

Von oben geschaut ist das Gleichnis natürlich eine Abschwächung der Wahrheit, daher bei Mose der etwas negativ klingende Ausdruck von „dunklen Worten und Gleichnissen". Von unten geschaut sind Gleichnisse Blicke durch das Schlüsselloch der Tür zur Wahrheit. Sie sind also uneingeschränkt positiv zu bewerten und darüber hinaus auch noch eine spirituelle Übung, denn es geht neben dem Verstehen-Lernen von Gleichnissen auch noch darum, in Gleichnissen sehen zu lernen. Und sich schließlich über das aktive Sehen in Gleichnissen selbsttätig zu höherem Erkennen emporzuschwingen. Zum Sehen des HERRN in seiner Gestalt.

Hund im Trog

*Jesus sprach: Wehe den Pharisäern, denn sie gleichen einem
Hund, der in dem Trog der Rinder liegt; denn er frisst nicht,
noch lässt er die Rinder fressen.*
(Thomas-Evangelium, Logion 102)

Heute gelten uns Pharisäer als selbstgerecht, heuchlerisch und
dem Kleingedruckten verfallen, ohne den großen Zusammenhang zu erkennen. In der Antike bezeichneten sich die besonders gesetzestreuen Juden selber so. In dieser Selbstbezeichnung
schwangen Stolz, Sendungsbewusstsein und Konservativismus um
seiner selbst willen mit. Im Bild des Pharisäers sehen wir recht gut
einen verbreiteten Typus von Kirchenfürsten und ihre Äquivalente in anderen Religionen beschrieben.

Verstehen wir das Gleichnis so: Der Trog steht für die Tröge
der Religionen, die in unterschiedlichen Formen bereitstehen,
um die geistige Nahrung der Religionen denen anzubieten, die
diese Art von Nahrung wünschen. Und das sind die Rinder.
Rinder können normalerweise ihre (spirituelle) Nahrung überall finden. In schlechten, regenarmen Zeiten oder an ungünsti-
gen Orten (Ställen, kleinen Weiden) brauchen sie Zufütterung.
Oder falls die Rinder etwas ungeschickt sind, müssen sie durch
die konzentrierte Form von Futter auf den Geschmack gebracht
werden. Dafür sind die Tröge gut. Behalten wir aber im Kopf,
dass freilaufende Wildrinder gewöhnlich keine Tröge brauchen.
Die Trog- und Weidewirtschaft zieht sich im Grunde eine besondere Rinderpopulation heran, die ihre Tröge braucht. Das jedenfalls glauben diese Rinder oft.

Aber gut, nicht die Tröge sind das Problem. Es sind die Hunde
– ganz besonders jene spezifischen Hunde. Ersteinmal zeichnen

Hunde sich dadurch aus, dass sie kein Trogfutter mögen. Sie sind keine spirituellen Sucher auf der Suche nach dem Inhalt der Religionen (Tröge). Das ist an sich schon traurig genug. Und was können wir sonst noch über sie sagen? Positiv könnten sie vielleicht als Bewacher und Beschützer der Tröge nach außen gesehen werden. Weniger positiv, wenn sie den Zugang zu den Trögen bewachen und nur bestimmte Rinder heranlassen. Noch weniger positiv, wenn sie diesem speziellen pharisäischen Typus von Hunden entsprechen, die zwar die Rinder um den Trog herum haben will (Kirchenmitglieder), aber ihnen gar keinen Zugang zum Inhalt des Troges gewährt, bequem liegt und dann noch durch seinen unsauberen Leib das Futter verdirbt. Besonders bedrückend: Als Fleischfresser müssen die Hunde hin und wieder ein Rind verspeisen!

Und was heißt: „Wehe den Pharisäern!" Klingt irgendwie nach aus ihrem Tun resultierenden Leiden...

Das Tier 666

¹ Und ich sah ein Tier aus dem Meer steigen, das hatte zehn Hörner
und sieben Häupter und auf seinen Hörnern zehn Kronen und auf
seinen Häuptern lästerliche Namen.
¹⁶ Und es macht, dass sie allesamt, die Kleinen und Großen,
die Reichen und Armen, die Freien und Sklaven, sich ein Zeichen
machen an ihre rechte Hand oder an ihre Stirn
¹⁷ und dass niemand kaufen oder verkaufen kann, wenn er nicht das Zei-
chen hat, nämlich den Namen des Tieres oder die Zahl seines Namens.
¹⁸ Hier ist Weisheit! Wer Verstand hat, der überlege die Zahl des
Tieres; denn es ist die Zahl eines Menschen, und seine Zahl ist
sechshundertundsechsundsechzig.
(Offenbarung 13,1 und 13,16-18)

Viele Probleme sind während der letzten Jahrtausende gelöst
worden. Besonders während der letzten zweihundert Jahre sind
die Menschen in unglaublichem Maße von den natürlichen Be-
schränkungen frei geworden. Der Verbrauch fossiler und auch
erneuerbarer Energien durch Motoren aller Art an Stelle menschlicher und tierischer Arbeitskraft hat Unmengen gestalterischer
und schöpferischer Werkzeuge und Maschinen auf die Welt los-
gelassen. Rohstoffe und künstliche Materialien mit ungeahnten
Verwendungsmöglichkeiten stehen scheinbar grenzenlos zur Verfügung. Transporte von allem überall hin in kürzester Zeit sind
kein Problem. Zahllose Krankheiten sind behandelbar oder gar
besiegt. Fortschritt wohin man schaut.

Dem steht auf der anderen Seite eine erschreckende Erkenntnis
gegenüber. Die Menschheit findet keinen Frieden mit sich selbst.
Sie schafft es immer wieder, kluge Erfindungen zum eigenen
Schaden einzusetzen.

Jeder Fortschritt endet vor einer größeren Schwierigkeit. Schneller als wir bauen können, zerstören wir an anderer Stelle. Der Glaube an das technisch Machbare, der Glaube, dass der eigene Weg der beste ist, der Glaube, dass man nur das Gute wollen muss, um es auch zu tun...

Um alles zum Besten zu wenden fehlt zweierlei. Und ohne diese beiden gibt es keine Hoffnung für eine ruhige, zivilisierte Fortentwicklung der Menschheit. Wir werden vielleicht nicht ganz verlöschen, aber unglaubliches Elend wird über uns hereinbrechen – vielleicht nicht qualitativ, aber quantitativ. Mehr noch, es geschieht bereits. Wer sind die beiden? Du wirst es nicht gerne hören, denn eigentlich denken wir alle, dass dies garnicht mehr unser Problem ist, weil wir ja „**Menschen**" sind. Andererseits wird es dir schon schwer fallen, auch nur nachzuvollziehen, was denn damit gemeint sein könnte... Nun, die zwei sind: Erkennen und Überwinden der animalischen Ebene[1].

Bei allen unseren edlen Gefühlen (Hass, Neid, Eifersucht und den ganzen Kram, der uns den ganzen Tag bewegt klammern wir in unserer Selbstwahrnehmung leichthin aus) und unseren hehren Gedanken (schaut mal genauer hin) kann doch Animalisches gar keine Rolle mehr spielen. Schön wär's! Und mit dieser Grundablehnung kann man dann ja auch nicht mehr darüber nachdenken, was denn überhaupt die animalische Ebene bedeutet.

Der animalische Imperativ[2] liegt allem Höheren zugrunde, durchdringt und bestimmt es. Macht euch nichts anderes vor. Was ist der animalische Imperativ? Atmen, trinken, essen, Schmerz vermeiden, vermehren! Die ersten drei, um letzteres zu erreichen... Und dieses letztere ist der Name des Tieres. Lange gesucht, endlich offenbart! Der Name des Tieres ist „**Vermehrung**" und die Zahl seines Namens ist **6** Millionen Menschen **mehr** jeden Monat, 6 Millionen und noch **6** und **6** und **6**,**6**,**6**,**6**,**6** oder kurz **666**.

---

[1] Siehe die Betrachtung „Die animalische Ebene".

[2] imperare (lat.) = befehlen

Jeden Monat bevölkern also sechs Millionen Menschen mehr die Erde. Das ist so, als würde man jeden Monat Berlin (3,5 Millionen), Hamburg (1,8 Millionen) und Bremen (550 000) nebst ein paar virulenten Kleinstädten über unberührter Natur abwerfen. Irgendwo auf der Welt. **Jeden Monat**!

Fortpflanzung ist **nicht** identisch mit Vermehrung. Fortpflanzung ist eine gute und notwendige Sache. Sie sichert die Existenz der Menschheit, Kinder lehren Erwachsene vieles, bringen das Edelste zur Blüte. Vermehrung ist die dämonische Pervertierung dieser segensreichen Sache. Vermehrung endet in jedem geschlossenen System mit dem Untergang der Population. Die animalische Ebene bricht durch sich selbst zusammen. Essen kann nicht gewährleistet werden, Wasser ist nicht für alle da und zuletzt wird selbst die Luft knapp werden – und die ganze Zeit fallen die Menschen übereinander her.

Die Vermehrung zerstört alle Fortschritte auf anderen Gebieten. 1963 war die Weltbevölkerung nur halb so groß wie heute. Fehlte uns etwas an einer kompletten Menschheit? 1900 etwa halb so groß wie 1963. Hat irgendwer schon mal gelesen, damals habe man dringend einige Milliarden Menschen vermisst? Alle Entwicklungen, Errungenschaften, Großtaten auf technischem oder medizinischem Gebiet sind durch die Vermehrung letztlich nur zur Vermehrung von Leid geworden.

Und die animalische Ebene gaukelt allen ohne Einsicht vor, dass sie schon weiter Kinder haben dürften. Erst sollten doch die Inder... Man selbst habe doch genug, um zwei oder drei Kinder... In Deutschland leben mit 229 Menschen pro Quadratkilometer beinahe 100 mehr als in China (138). In Indien leben 382 Menschen pro Quadratkilometer – weniger als in Holland (397). Die animalische Ebene muss jeder bei sich selbst überwinden. Nicht bei den anderen. Vorher muss er sie bei sich selbst erkennen. Nicht bei den anderen.

Und warum hat das Tier der Apokalypse „zehn Hörner und sieben Häupter und auf seinen Hörnern zehn Kronen und auf seinen Häuptern lästerliche Namen"? Um irrezuleiten, um durch viele Gesichter zu verwirren, falsch zu rühmen und fehlzubenennen. Wir aber sagen es klar. Die Zahl des Namens der Tieres der Apokalypse ist 666. Und sein Name ist Vermehrung.

Tote, Schläfer und Erwachte

Wach auf du Schläfer, und steh auf von den Toten!
(Eph. 5.14)

Diese Bibelstelle ist für uns sehr bedeutungsvoll. Sie unterteilt Menschen in verschiedene Kategorien. Genannt werden zwei Gruppen, nämlich Schläfer und Tote, aber bei näherer Betrachtung ergeben sich zwei weitere. Dies sind Erwachte und – als Zwischenstadium zwischen Schläfern und Erwachten – Erwachende.

Bevor wir auf Einzelheiten eingehen, müssen wir feststellen, dass es sich bei diesen Kategorien nicht um Werturteile bezüglich der einzelnen Menschen handelt. Auch sind sie keine dauerhaften Beschreibungen, sondern beziehen sich nur auf einen beliebigen Augenblick der Betrachtung von Individuen, Gruppen oder der Menschheit schlechthin. Jeder Mensch kann seinen Status zwischen den Kategorien jederzeit wechseln. Allerdings mit einer Ausnahme: Ein Erwachter wird seinen Status nicht mehr ändern.

Darüber hinaus stellen die Zuordnungen von Personen in diese vier Gruppen auch keine klaren Aussagen über den möglichen spirituellen Entwicklungsstand der einzelnen Personen dar. Es gibt Tote, die durchaus weiter entwickelt sein können als manche Schläfer oder Erwachende. Die Ausnahme sind auch hier wieder die Erwachten. Aber betrachten wir nun einmal die vier Gruppen in der Reihenfolge bezüglich des spirituellen Zustandes – also Tote, Schläfer, Erwachende und Erwachte.

Tote sind Menschen, die für spirituelle Wahrheiten generell nicht empfänglich sind. Dies können beispielsweise entschiedene Materialisten sein. Aber auch viele religiöse Menschen müssen dann als Tote betrachtet werden, wenn sie ihre Religion als ein starres Meinungsgerüst benutzen und nicht als einen spezifischen Weg zu höherer Einsicht. Natürlich brauchen wir bei einem materialistisch-egoistischen Diener seiner eigenen Bedürfnisse und Gelüste und einem verbohrten, kleingeistigen Anhänger einer beliebigen Religion, der sich nur auf der „richtigen" Seite wissen will, nicht über mögliche Höhen des spirituellen Status' zu spekulieren. Aber wir können uns leicht den atheistischen Weltverbesserer vorstellen, der sich mit großem persönlichen Einsatz und ohne vordergründige egoistische Vorteile für soziale Gerechtigkeit, Frieden und Toleranz einsetzt. Und ebenso ist ein religiöser Mensch denkbar, der beispielsweise im karitativen Bereich Bedeutendes vollbringt, ohne zwangsläufig den vielleicht relativ engen Rahmen seiner religiösen Überzeugung zu verlassen. Beide wären aus unserer Sicht einerseits spirituell relativ entwickelt und andererseits doch Tote. Wenn wir einen Toten anstoßen – um einmal im Bild zu bleiben – reagiert er darauf in keiner Weise.

Schläfer unterscheiden sich in Bezug auf das breite Spektrum moralischer Reife und ethischer Integrität von Toten im Prinzip überhaupt nicht. Sie haben aber eine mehr oder weniger stark ausgeprägte Offenheit für höhere Wahrheiten. Sie schlafen also mehr oder weniger tief. Sie sind mit ihrem Wissen nicht an einem (vorläufigen!) Endpunkt angekommen und noch offen für weitere Inspirationen. Sie ahnen schon, dass es noch mehr und Größeres gibt, als die Dinge, die bisher ihr Leben ausfüllen. Allerdings sind sie vom Alltagsleben in den Bann geschlagen und mühen sich ab in den Notwendigkeiten und Verpflichtungen, die daraus erwachsen. Für die Familie muss gesorgt werden, der Beruf ist anstrengend, der Kredit muss zurückgezahlt werden. Und daneben gibt es auch noch die ganzen Leidenschaften der Alltagspersönlichkeit, die ihren Tribut an Zeit und Aufwand fordern. Da ist alles möglich von Chorgesang bis Spielsucht, Golfspiel bis Alkoholismus. Grundsätzlich reagieren Schläfer aber auf Anstoß von außen. Sie seufzen, drehen sich auf die andere Seite, sprechen im Halbschlaf und sind sogar dabei zu erwachen. Dann versinken sie freilich allzu oft wieder tiefer im Schlaf - eingelullt durch die Identifikation mit der Alltagspersönlichkeit, die aus dem physischen Körper, den Gefühlen und den Gedanken besteht.

Am Anfang des Erwachens stehen die Ahnungen und unterschwelligen Eindrücke des Schläfers. Nach und nach wächst der Wunsch zu wissen, mehr zu erfahren. Wir bekommen Inspirationen aus dem Bereich des wahren Selbstes und noch höherer Bereiche und beginnen zu suchen. Diese Suche findet zunächst im Äußeren statt. Wir lesen Bücher, besuchen Seminare und finden diverse andere Angebote, die uns helfen, unser Unterscheidungsvermögen zu schulen. Doch an dieser Stelle ergibt sich ein großes Problem. Selbst wenn wir nach und nach lernen, Falsches und Richtiges zu unterscheiden, laufen wir doch die ganze Zeit Gefahr wieder einzuschlafen. Die Grenze zwischen Schläfern und Erwachenden ist naturgemäß unscharf. Die Menschen, die auf ihrem geistigen Entwicklungsweg diesen Punkt erreicht haben, fluktuieren praktisch immer eine mehr oder weniger lange Zeit zwischen Erwachen und Wieder-Einschlafen. Dies liegt an der Integrationskraft der Alltagspersönlichkeit. Sie ist immer sehr schnell damit, von sich zu behaupten, sie habe eine spirituelle Information verstanden und damit verwirklicht. In Wirklichkeit hat sie nur eine Meinung gebildet und noch gar nichts verwirklicht. Verwirklichung fordert Aufmerksamkeit - mit einer Meinung schläft man wieder ein. Wir müssen also immer wieder bewusst unser Verhalten und unsere Meinungen untersuchen und uns der Tatsache stellen, dass wir uns oft anders verhalten als wir meinen. Wir müssen um Wachheit ringen und dabei selbstkritisch unser Denken, Fühlen, Reden und Verhalten beobachten.

Wirkliches Erwachen bedeutet das Erwachen zum wahren Selbst. Es ist der Punkt der Entwicklung, an der das Individuum seine Nicht-Identität mit seiner Alltagspersönlichkeit erkennt und dies endgültig in die Betrachtungsweise seines Lebensweges integriert. Es ist das Ende der Dominanz des Ego-Selbstes und der Beginn der Umsetzung der spirituellen Aufgabe, aus dem wahren Selbst heraus zu leben und die Alltagspersönlichkeit bewusst zu gestalten bis wir sie schließlich völlig unter Kontrolle bringen. Erst an diesem Punkt kann vom Erwachen gesprochen werden. Von hier an ist es für uns jederzeit möglich, den Standpunkt des wahren Selbes einzunehmen. Die Entwicklung beschleunigt sich durch den konstruktiven Abstand, mit dem wir unsere Alltagspersönlichkeit betrachten. Wir werden immer freier von schmerzlichen Aspekten des Karmagesetzes je freier wir mit uns selbst umzugehen lernen.[3] Entwicklung resultiert mehr und mehr aus Beobachtung und immer weniger aus Leiderfahrung.

Mit dem Erkennen und der Identifikation mit dem wahren Selbst ist die spirituelle Entwicklungsarbeit allerdings nicht abgeschlossen, sie verlagert sich nur immer mehr in den Bereich des wahren Selbstes. Denn eines dürfen wir nicht übersehen: Als wahre Selbste bzw. als Erzengelwesen sind wir zwar vollkommen, aber in den Welten der Trennung sind wir es nicht, solange wir sie nicht vollkommen beherrschen. Denn vollkommene Beherrschung der drei stofflichen Ebenen bedeutet nicht nur, unsere drei Körper ganz unter Kontrolle zu haben, sondern auch auf den drei Ebenen alles tun zu können, was wir wollen – und dabei frei von Fehlern zu sein. Das ist ein gottgleicher Zustand, der sich selbstverständlich nicht ohne die spirituelle Praxis vieler Lebzeiten erreichen lässt. Die Mittel zum Erlangen der inneren und äußeren Herrschaft sind – ohne hier ins Detail zu gehen – Selbstanalyse, Aufmerksamkeit, Konzentration, Meditation, Beobachtung, Innenschau, Visualisation und rechtes Denken.

[3] Siehe hierzu „Karma, Gnade und Aufmerksamkeit"

Du sollst nicht töten![4]

„Wer Menschenblut vergießt, dessen Blut soll auch durch
Menschen vergossen werden.“
Gen 9,6

„Wer einen Menschen schlägt, dass er stirbt, der soll
des Todes sterben.“
Ex 21,12

„Wer Vater oder Mutter schlägt, der soll des Todes sterben.“
Ex 21,15

„Wer Vater oder Mutter flucht, der soll des Todes sterben.“
Ex 21,17

„Wer einem Vieh beiwohnt, der soll des Todes sterben.“
Ex 22,18

Es macht einen ein wenig misstrauisch, wenn eine klare Aussage schon im engeren Umfeld dermaßen eingeschränkt wird, aber ist die Aussage wirklich so klar? Ist es nicht die Verstandesfixiertheit, die uns glauben machen will, jedes Problem und jeder Sachverhalt sei auf einige wenige „logische“ Aussagen reduzierbar und anhand dieser Aussagen sei damit umzugehen?

Beim fünften Gebot hat zunächst auch erst einmal jeder den Eindruck, genau zu wissen, was gemeint ist. Dabei fängt es schon bei den „zehn“ Geboten selbst an. Sind es beim Nachlesen im Buch Exodus[4] doch deutlich mehr als zehn Gebote. Um dann doch auf zehn zu kommen, tricksen Juden, Anglikaner, Orthodoxe und Katholiken (Lutheraner sind in diesem Punkt ausnahmsweise mit letzteren einig) durch unterschiedliche Zusammenfassungen einzelner Punkte. So ist das fünfte Gebot bei Juden, Anglikanern und Orthodoxen das sechste. Dafür wiederum gilt allen dreien das vorletzte („Du sollst nicht begehren deines Nächsten Frau.“) zusam-

⁴ Ex 20,13

men mit dem letzten („Du sollst nicht begehren deines Nächsten Haus.") als nur eines – was mir doch wiederum seltsam erscheint.

Aber betrachten wir nun einmal das Gebot „Du sollst nicht töten" genauer. Da wird fast jeder sagen, dass man halt keine Leute umbringen solle, aber... Und dann folgt eine Anzahl von Ausnahmen ähnlich der etwa 2500 Jahre alten Liste unter der Überschrift dieser Betrachtung. Ein Terrorist, der in einer Menschenmenge um sich schießt ist da noch das einfachste und vielleicht überzeugendste Beispiel.[5] Jedenfalls wird „Du sollst nicht töten" auch gerne mit „Du sollst nicht morden" übersetzt, um anzudeuten, dass Morden und Töten nicht das gleiche seien.

Statt aber die Menge der Nicht-zu-tötenden durch Ausnahmen zu verkleinern, kann man sie genauso gut vergrößern. Wieso Leute? Vielleicht soll man auch keine Tiere töten? Ein Plädoyer für den Vegetarismus? Okay, kein Fleisch, keinen Fisch aber Milchprodukte und Eier. Oder würde man durch den Verzehr von Eiern auch töten? Wäre dann auch Abtreibung Mord? Oder ist Abtreibung Mord?

Aber töte ich nicht auch das Gemüse, dass ich verzehre, wenn ich Vegetarier bin? Töte ich nicht durch die landwirtschaftlichen Methoden, mit denen ich Gemüse produziere? Man denke an den Pflug, der den Boden aufbricht und unter den Würmern ein Massaker anrichtet. Töte ich nicht die Unkräuter in den Gemüsebeeten – und das sogar, ohne sie zu essen? Kollateralschäden der Ernährung?

Und was ist mit dem Trinken? Wieviele Milliarden Lebewesen vernichte ich durch das Keimfreimachen des Trinkwassers? Und vernichtet mein Immunsystem nicht in jeder Sekunde ganze Heerscharen von Lebewesen? Und vernichtet nicht eine Chemotherapie die Krebszellen in meinem Körper? Und töte ich nicht mich selber, wenn ich auf mein Immunsystem, die Chemotherapie und das Entkeimen von Wasser verzichten würde?

[5] Was aber, wenn der „Terrorist" ein schwarzer Sklave in einer Menge Sklavenhalter, eine Hexe in einer Menge Inquisitoren oder ein Jude in einer Menge Nationalsozialisten ist?

Schlussendliche Einsicht: Ich kann dem Töten nicht entgehen! Ist denn dann das Gebot nicht unsinnig? Nein, denn wenn wir uns auf die richtige Weise damit auseinandersetzen, lenkt es unsere Aufmerksamkeit auf eine Fülle von Einzelproblemen, bei denen wir viel über unser Wirken in der Welt lernen und auch viele positive Veränderungen in unserem Wirken selbst vornehmen können. Darüber hinaus befreit es uns von Gedankenlosigkeit im Umgang mit Gedanken. Wir lernen, dass einen Gedanken zu formulieren, noch nicht wissen bedeutet. Wir lernen, dass der Intellekt die Nichtlinearität und Multifaktorialität der Wirklichkeit nicht erfassen kann. So heißt „Du sollst nicht töten" vor allem: Du sollst deine Aufmerksamkeit niemals und unter keinen Umständen töten! Und genauso halte es mit Deinem Mitgefühl!

Drei Kreuze

[32] Zusammen mit Jesus wurden auch zwei Verbrecher zur Hinrichtung geführt. (...) [39] Einer der Verbrecher, die neben ihm hingen, verhöhnte ihn: Bist du denn nicht der Messias? Dann hilf dir selbst und auch uns! [40] Der andere aber wies ihn zurecht und sagte: Nicht einmal du fürchtest Gott? Dich hat doch das gleiche Urteil getroffen. [41] Uns geschieht recht, wir erhalten den Lohn für unsere Taten; dieser aber hat nichts Unrechtes getan. [42] Dann sagte er: Jesus, denk an mich, wenn du in dein Reich kommst. [43] Jesus antwortete ihm: Amen, ich sage dir: Heute noch wirst du mit mir im Paradies sein.

(Lukas-Evangelium)

Die Kreuzigung steht auf einer bestimmten Deutungsebene für das An-die-Materie-gebunden-sein des inkarnierten Menschen. Wir alle können die materielle Welt (die Welten der Trennung) nur durch den Tod der Körper verlassen. Insofern ist die Kreuzigung für uns alle ein Aspekt des Kreuzes, das wir tragen müssen. Das einzige, das sich von Person zu Person unterscheidet, ist einerseits die Einstellung gegenüber der physischen Sterblichkeit und andererseits die karmische Vorbelastung des Sterbeprozesses.

Die drei Gekreuzigten stehen für drei unterschiedliche Wege durchs Leben mit dem abschließenden Tod. Jesus steht natürlich idealtypisch für den Menschen, der sein Leben auf die richtige Weise gelebt hat. Er hat sein Gottes-Sohn-Sein völlig in seinem Menschsein offenbart und ist „ohne Unrechtes zu tun" an das Ende seines Lebens gelangt. Er zieht als Herrscher in das Himmelreich ein. Dieses höchste Maß an Perfektion erreichen auf dieser Welt nur wenige, aber etliche Menschen bemühen sich doch redlich, den gleichen Weg zu beschreiten. Wofür aber stehen die zwei Verbrecher, die in einem anderen Evangelium

(Markus 15.27) auch als „Räuber" bezeichnet werden? Worin besteht ihr Verbrechen, was haben sie wem geraubt?

Beide Räuber haben sich selbst beraubt, indem sie nicht der menschlichen Bestimmung gemäß gelebt haben und nicht gelernt haben, ihr wahres Selbst als Kinder und Bevollmächtigte Gottes zu offenbaren. Dem entsprechend haben sie auch nach außen gewirkt und sind dadurch im karmischen Sinne schuldig geworden. (siehe oben: „Uns geschieht recht, wir erhalten den Lohn für unsere Taten"). Trotzdem gibt es zwischen beiden einen wesentlichen Unterschied.

Der erste Räuber steht für einen ganz der Welt zugewandten Materialisten, der selbst im Todeskampf noch mögliche höhere Wahrheiten lästert. Er hat aus seinen Fehlern nichts gelernt und sieht auch keinen direkten Zusammenhang zwischen seinem Tun und seinem Ende. Er verpasst die letzte Gelegenheit, in der gegenwärtigen Inkarnation die Ausrichtung und Perspektive seines bisherigen Lebens zu überdenken. Dadurch legt er sowohl seinen nachtodlichen Zustand, als auch die Anfangsumstände seiner nächsten Inkarnation als in den gleichen Bahnen laufend fest.

Der zweite Räuber hingegen erkennt Jesus an. Er hat sich schon vor der Kreuzigung mit Jesus und seinen Lehren auseinandergesetzt. Zwar ist er am Versuch der Umsetzung eines spirituellen Lebens (weitgehend?) gescheitert, aber er sieht die Dinge, die ihm geschehen, schon im richtigen Zusammenhang. Darüber hinaus setzt er seine Hoffnung auf Gott und dies wird auch insofern belohnt, dass Jesus ihm sagt, dass er „noch heute mit ihm im Paradiese sein" werde. Will sagen: Gedanklich und emotional hat der zweite Räuber sich schon so weit von seinem fehlgeleiteten Leben entfernt, dass der nachtodliche Zustand für ihn auf einer wesentlich höheren, positiveren Schwingungsebene stattfindet, als bei dem ersten Räuber. Entsprechend positiver sind die Vorgaben für die nächste Inkarnation.

Beten, Fasten, Almosen

Almosen verderben die Seele des Gebers wie des Nehmers.
(Fjodor Dostojewski)

*Es heißt, dass die Armen fünfhundert Jahre vor den Reichen ins
Paradies eingehen werden. Durch Almosen kauft man den Armen
etwas vom Paradies ab.*
(Elias Canetti - Die Stimmen von Marrakesch)

Erst unterlasse den Raub, dann spende Almosen.
(Johannes Chrysostomus, um 350 – 407)

Im Buch Tobit, einem apokryphen Buch des alten Testamentes,
lesen wir unter [12.8]: Es ist gut, zu beten und zu fasten, barmherzig
und gerecht zu sein. Lieber wenig, aber gerecht, als viel und un-
gerecht. Besser barmherzig sein als Gold aufhäufen.

Unter Tobit [4,8-10] lesen wir vorher: [8] Hast du viel, so gib reichlich von dem, was du besitzt; hast Du wenig, dann zögere nicht,
auch mit dem Wenigen Gutes zu tun. [9] Auf diese Weise wirst
du dir einen kostbaren Schatz für die Zeit der Not ansammeln.
[10] Denn Gutes zu tun rettet vor dem Tod und bewahrt vor dem
Weg in die Finsternis.

In Neuen Testament (Lutherbibel 1984) lesen wir unter [Mt 6,1-34]:

Vom Almosengeben

[6,1] Habt Acht auf eure Frömmigkeit, dass ihr die nicht übt vor
den Leuten, um von ihnen gesehen zu werden; ihr habt sonst keinen Lohn bei eurem Vater im Himmel.

[2] Wenn du nun Almosen gibst, sollst du es nicht vor dir auspo-
saunen lassen, wie es die Heuchler tun in den Synagogen und auf
den Gassen, damit sie von den Leuten gepriesen werden. Wahrlich, ich sage euch: Sie haben ihren Lohn schon gehabt.

³ Wenn du aber Almosen gibst, so lass deine linke Hand nicht wissen, was die rechte tut,

⁴ damit dein Almosen verborgen bleibe; und dein Vater, der in das Verborgene sieht, wird dir's vergelten.

Vom Beten

⁵ Und wenn ihr betet, sollt ihr nicht sein wie die Heuchler, die gern in den Synagogen und an den Straßenecken stehen und beten, damit sie von den Leuten gesehen werden. Wahrlich, ich sage euch: Sie haben ihren Lohn schon gehabt.

⁶ Wenn du aber betest, so geh in dein Kämmerlein und schließ die Tür zu und bete zu deinem Vater, der im Verborgenen ist; und dein Vater, der in das Verborgene sieht, wird dir's vergelten.

⁷ Und wenn ihr betet, sollt ihr nicht viel plappern wie die Heiden; denn sie meinen, sie werden erhört, wenn sie viele Worte machen.

⁸ Darum sollt ihr ihnen nicht gleichen. Denn euer Vater weiß, was ihr bedürft, bevor ihr ihn bittet.

⁹ Darum sollt ihr so beten:
Unser Vater im Himmel! Dein Name werde geheiligt.

¹⁰ Dein Reich komme. Dein Wille geschehe wie im Himmel so auf Erden.

¹¹ Unser tägliches Brot gib uns heute.

¹² Und vergib uns unsere Schuld, wie auch wir vergeben unsern Schuldigern.

¹³ Und führe uns nicht in Versuchung, sondern erlöse uns von dem Bösen. Denn dein ist das Reich und die Kraft und die Herrlichkeit in Ewigkeit. Amen.

¹⁴ Denn wenn ihr den Menschen ihre Verfehlungen vergebt, so wird euch euer himmlischer Vater auch vergeben.

¹⁵ Wenn ihr aber den Menschen nicht vergebt, so wird euch euer Vater eure Verfehlungen auch nicht vergeben.

Vom Fasten

[16] Wenn ihr fastet, sollt ihr nicht sauer dreinsehen wie die Heuchler; denn sie verstellen ihr Gesicht, um sich vor den Leuten zu zeigen mit ihrem Fasten. Wahrlich, ich sage euch: Sie haben ihren Lohn schon gehabt.

[17] Wenn du aber fastest, so salbe dein Haupt und wasche dein Gesicht,

[18] damit du dich nicht vor den Leuten zeigst mit deinem Fasten, sondern vor deinem Vater, der im Verborgenen ist; und dein Vater, der in das Verborgene sieht, wird dir's vergelten.

Vom Schätzesammeln und Sorgen

[19] Ihr sollt euch nicht Schätze sammeln auf Erden, wo sie die Motten und der Rost fressen und wo die Diebe einbrechen und stehlen.

[20] Sammelt euch aber Schätze im Himmel, wo sie weder Motten noch Rost fressen und wo die Diebe nicht einbrechen und stehlen.

[21] Denn wo dein Schatz ist, da ist auch dein Herz.

[22] Das Auge ist das Licht des Leibes. Wenn dein Auge lauter ist, so wird dein ganzer Leib licht sein.

[23] Wenn aber dein Auge böse ist, so wird dein ganzer Leib finster sein. Wenn nun das Licht, das in dir ist, Finsternis ist, wie groß wird dann die Finsternis sein!

[24] Niemand kann zwei Herren dienen: Entweder er wird den einen hassen und den andern lieben, oder er wird an dem einen hängen und den andern verachten. Ihr könnt nicht Gott dienen und dem Mammon.

[25] Darum sage ich euch: Sorgt nicht um euer Leben, was ihr essen und trinken werdet; auch nicht um euren Leib, was ihr anziehen werdet. Ist nicht das Leben mehr als die Nahrung und der Leib mehr als die Kleidung?

[26] Seht die Vögel unter dem Himmel an: sie säen nicht, sie ern-

ten nicht, sie sammeln nicht in die Scheunen; und euer himmlischer Vater ernährt sie doch. Seid ihr denn nicht viel mehr als sie?

[27] Wer ist unter euch, der seines Lebens Länge eine Spanne zusetzen könnte, wie sehr er sich auch darum sorgt?

[28] Und warum sorgt ihr euch um die Kleidung? Schaut die Lilien auf dem Feld an, wie sie wachsen: sie arbeiten nicht, auch spinnen sie nicht.

[29] Ich sage euch, dass auch Salomo in aller seiner Herrlichkeit nicht gekleidet gewesen ist wie eine von ihnen.

[30] Wenn nun Gott das Gras auf dem Feld so kleidet, das doch heute steht und morgen in den Ofen geworfen wird: sollte er das nicht viel mehr für euch tun, ihr Kleingläubigen?

[31] Darum sollt ihr nicht sorgen und sagen: Was werden wir essen? Was werden wir trinken? Womit werden wir uns kleiden?

[32] Nach dem allen trachten die Heiden. Denn euer himmlischer Vater weiß, dass ihr all dessen bedürft.

[33] Trachtet zuerst nach dem Reich Gottes und nach seiner Gerechtigkeit, so wird euch das alles zufallen.

[34] Darum sorgt nicht für morgen, denn der morgige Tag wird für das Seine sorgen. Es ist genug, dass jeder Tag seine eigene Plage hat.

Betrachtung:

Man kann die Trias von Beten-Fasten-Almosengeben im engsten Sinn der Worte verstehen. Dann müsste man sich nur noch über die allgemeingültige Frequenz und Amplitude einigen – also über die Häufigkeit und das Ausmaß. Täglich? Monatlich? Einmal im Leben? Oder einzelne Punkte unterschiedlich oft? Und wie ist es mit der Intensität? Hälfte des Einkommens für Almosen? Zwei Wochen fasten? Eine Stunde beten? Wir sehen schon, dass sich hier Spielraum für jahrhundertelangen Hader und endlose Sektenbildungen auftut.

Man kann sich aber auch fragen, ob wir sie in einem erweiterten, spirituellen Sinn begreifen können. Als gültige Rechtleitung für unsere Leben. Doch im Gegensatz zu den dogmatischen Vorgaben der Religionen müssen wir in der spirituellen Deutung von vorne herein annehmen, dass jeder Mensch seinen eigenen Rhythmus finden muss – innerhalb vernünftiger Parameter. Denn eine gegen Null tendierende Häufigkeit oder Dauer bewirkt keinen Effekt (wie auch ein Lauftraining von 30 Minuten alle 2 Monate keinen Trainingseffekt hat). Und eine exzessive Umsetzung hielte von allen anderen Aspekten des täglichen Lebens ab und würde aller Wahrscheinlichkeit nach sogar zerstörerisch wirken.

Wofür könnten dann Beten, Fasten und Almosengeben stehen? Vorschlag: Beten steht für spirituelle Praxis allgemein. Fasten steht für das Aufgeben eingefahrener Gewohnheiten, das Überwinden missliebiger Elementale. Und Almosengeben steht für den freigiebigen Umgang mit Fähigkeiten und Möglichkeiten. Wem aber „nützt" das Ganze? Im Idealfall allen – also auch einem selber. Sicher sollte der Eigennutz nicht im Vordergrund stehen, aber letztlich lässt sich im spirituellen Zusammenhang Eigennutz von Gemeinnutz nicht trennen. Daher kann man, um das Ego zu demütigen, den Gemeinnutz anstreben, aber den Eigennutz ohne weiteres billigend in Kauf nehmen. Denn, wie es im Zusatz „Vom Schätzesammeln und Sorgen" mit anderen Worten heißt: Die persönliche Wohlfahrt geschieht nebenbei.

Und noch einmal die Frage: Wem „nützt" das Ganze? In der Regel doch vor allem denen, denen man nahesteht. Und wer ist das? Die Geliebten, die Kinder, die Freunde und die spirituelle Gemeinschaft. Überprüfe dich dahingehend!

Kehrt um!

Ein kurzer Spruch und wir denken: „Ja, nee, is klar!"[6] Ist es das aber? Ja. Nee. Die Aussage des Bibelzitates enthält zwei Aspekte, über die man nachdenken muss. Einige Anregung erhält man zudem, wenn man unterschiedliche Übersetzungen nebeneinander stellt.

Was bedeutet: Umkehr, Buße, Umdenken? Umkehr bedeutet einen **totalen** Richtungswechsel vorzunehmen. Eine Wende um 180 Grad. Man ist bisher in die falschestmögliche Richtung unterwegs gewesen. 181 Grad gibt es ja als Steigerung einer Abweichung nicht, da man sich ja dann der Ausgangsrichtung wieder annähert. Der implizite Vorwurf, dass man gänzlich in der verkehrten Richtung unterwegs war, ist schmerzlich. Wir neigen dazu, lieber graduell zu modifizieren. Das ist eigentlich auch okay, wenn wir den völligen Richtungswechsel im Auge behalten. In der Regel neigen wir aber dazu, uns mit der leichten Modifikation einzulullen.

Buße bedeutet Wiedergutmachung, Entschädigung. Das kann man ruhig im karmischen Sinne verstehen. Leider ist auch diese Aufforderung recht hundertprozentig. Johannes der Täufer[7] sagt oben nicht: „Tut Buße für die paar Dinge, die nicht so super gelaufen sind..." Beunruhigend, für **alles** bisher Getane zahlen zu sollen.

Umdenken – erstmal scheinbar nicht so schmerzlich, wie für alles Entschädigung zu leisten, aber die Umsetzung!!! Wie zum Teufel soll man denn sein Denken ändern? Ist es überhaupt denkbar, sein Denken zu ändern?

Der zweite Aspekt, über den man sich Gedanken machen muss, ist das Himmelreich, das nahe ist, nahe gekommen ist oder sich genaht hat. Da sind zwei feine Unterschiede, die aber zuletzt auf das Gleiche hinauslaufen. Entweder **ist** es nahe. Oder es ist nahe **gekommen**. Dann ist es aber jetzt auch nahe. Vielleicht ist im ersten Fall nur die vorausgehende Annäherung ausgespart worden? Egal. Es **ist** nahe. Was bedeutet das? Einen Anhaltspunkt gibt uns Lukas [17.20] und [21] wenn wir „Himmelreich" und „Reich Gottes" gleichsetzten. Lukas lässt Jesus sagen: „Das Reich Gottes kommt nicht mit Aufsehen. Man wird nicht sagen: Siehe hier! oder: Siehe dort ist es! Denn siehe, das Reich Gottes ist inwendig in euch."

In uns ist wirklich nah! Näher geht nicht. Recht eigentlich ist es das Zentrum unseres Seins, unsere Wesensnatur, unsere eigentliche Natur. Es ist nur noch ein denkbar kleiner Schritt zur Verwirklichung. Lediglich ein Wechsel der Perspektive. Nur das Verstehen, dass alles, was uns klein schien in Wirklichkeit groß ist – und umgekehrt. Wenn wir das in innerer Schau begreifen, dann fallen plötzlich alle Schrecken bezüglich Umkehr, Buße, Umdenken von uns ab und wir verstehen, wie leicht und natürlich, wie babyeinfach und selbstverständlich dieser Schritt ist. Sogar Umkehr, Buße, Umdenken fallen von uns ab. Wir treten ein nach Innen, lassen Außen los und nehmen unsere Heimat im Licht.[8]

[8] Um einmal auf den zypriotischen Chef anzuspielen.

Arbeiter im Weinberg

"Mit dem Königtum der Himmel ist es gleich wie mit einem Hausherrn, der hinausging in der ersten Frühe, um Arbeiter für seinen Weinberg zu dingen. Er kam mit den Arbeitern um einen Dinar für den Tag überein und schickte sie in seinen Weinberg. Und um die dritte Stunde ging er hinaus und sah andere auf dem Markt müßig stehen. Und zu denen sprach er: geht auch ihr in den Weinberg! Ich werde euch geben, was recht ist. Sie gingen. Und um die sechste und neunte Stunde ging er abermals hinaus und tat ebenso. Dann ging er um die elfte Stunde hinaus, fand andere herumstehen und sagte zu ihnen: Was steht ihr hier den ganzen Tag müßig? Sagen sie zu ihm: Keiner hat uns gedungen. Sagt er zu ihnen: Geht auch ihr in den Weinberg! Als es Abend geworden, sagt der Herr des Weinbergs zu seinem Verwalter: Ruf die Arbeiter und zahl den Lohn aus - zuerst den letzten, dann den ersten. Da kamen die der elften Stunde und empfingen je einen Dinar. Und es kamen die der ersten und dachten, sie würden mehr empfangen. Doch empfingen auch sie je einen Dinar. Und da sie den empfingen, murrten sie wieder den Hausherrn und sagten: Diese Letzten haben nur eine Stunde gearbeitet - und du hast sie ebenso behandelt wie uns, die wir des Tages Last und Hitze getragen. Er aber hob an und sprach zu einem von ihnen: Freund, ich tue dir kein Unrecht. Bist du nicht um einen Dinar mit mir übereingekommen? Nimm das Deine und geh! Ich will diesem Letzten ebensoviel geben wie dir. Oder: Ist es mir nicht erlaubt, mit dem Meinen zu machen, was ich will? Oder: Ist dein Blick böse, weil ich gut bin? So werden die Letzten Erste, und die Ersten werden Letzte sein."

(Mt 20,1- 20,16)

Dieses biblische Gleichnis ist - wie viele andere - sehr tiefgründig und offenbart große Wahrheiten. Warum ist der Lohn für alle

Arbeiter gleich, und warum ist es doch wünschenswert, möglichst früh mit der Arbeit zu beginnen. Und warum werden die Letzten Erste sein? Das hört sich an, als ob sie bevorzugt würden! Wie ist dieses Gleichnis auf das Leben der Menschen bezogen zu verstehen? Es zeigt sehr schön, wie sich Menschenmaß und Gottesmaß, oder mit anderen Worten, wie sich die Perspektive der egoistischen Alltagspersönlichkeit und der vom wahren, göttlichen Selbst durchdrungenen Person unterscheiden.

Betrachten wir den Hausherrn als Gott, die Arbeit im Weinberg als das rechte Tun in den Welten der Gegensätze und die Arbeiter als Menschen, die den Weg durch die Inkarnationen angetreten haben, um Meister der Welten der Gegensätze zu werden. Es gibt nun verschiedene Menschen, manche beginnen schon in der ersten Frühe mit der Arbeit im „Weinberg des Herrn". Andere erst um die dritte, sechste, neunte oder elfte Stunde. Alle aber erhalten für ihr rechtes Tun in den Welten der Gegensätze vom Hausherrn einen Dinar - sprich, sie erlangen Meisterschaft über die drei Körper ihrer Alltagspersönlichkeit und Vollmacht über die äußeren Aspekte der Trennungswelten.

Mit Menschenmaß gemessen erscheint es uns unfair, dass alle den gleichen Lohn erhalten, obwohl ihre Arbeitszeiten stark variieren. Aber in Wirklichkeit ist es doch so, dass die Arbeiter, die als erste mit der Arbeit im Weinberg beginnen, einen zusätzlichen Lohn erhalten.

Worin besteht dieser zusätzliche Lohn? In der Sicherheit! Sie haben die Gewissheit, dass sie Arbeit haben, und am Ende des Tages ihren Lohn erhalten werden. Den anderen Arbeitern geht es nicht so gut. Sie stehen müßig auf dem Markt und müssen sich Sorgen machen, von was sie am Ende des Tages Nahrung für sich und die ihren kaufen sollen. Manche sorgen sich drei, sechs, neun oder sogar elf Stunden lang. Und die Sorge wird immer größer, je länger sie ohne Arbeit auf dem Marktplatz herumstehen.

Genauso ist es auch, wenn wir das Bild auf eine höhere Bedeutungsebene übertragen. Diejenigen, die früh mit der spirituellen Arbeit beginnen, kommen wahrscheinlich auch früher zu höchst befriedigenden Resultaten. Darüber hinaus erfahren sie früh die Freuden und die Unterstützung der spirituellen Gemeinschaft, während die Außenstehenden einerseits weiter unter den Unsicherheiten der Welt leiden müssen und andererseits mit ihren Persönlichkeitsegoismen zu diesen Unsicherheiten beitragen.

Der Herr des Weinberges wartet aber die ganze Zeit darauf, dass alle vom Marktplatz (der weltlich orientierten Welt) zur Arbeit bei ihm zurückkehren. Und natürlich ist seine Sorge um die „Draußengebliebenen" größer als um die, die schon sein Werk vollbringen. Daher wird er jeden um so herzlicher empfangen, je später er kommt – um ihn so wenigstens ein wenig für die selbstzugefügten Leiden der auf dem Marktplatz Wartenden zu entschädigen und um seiner immer größeren Freude Ausdruck zu verleihen. Insofern scheinen die Letzten Erste zu sein. Aber in Wirklichkeit teilen natürlich die früher Gekommenen die Freude des Herrn und beschweren sich keinesfalls über irgendwelche Ungerechtigkeiten.

Diese innere Haltung müssen wir uns zu eigen machen im Umgang mit den Menschen der äußeren Welt. So lernen wir einerseits unseren Nächsten zu lieben und andererseits überwinden wir nach und nach die Reste von Persönlichkeitsegoismus, die noch in unseren Alltagspersönlichkeiten verblieben sein mögen.

Übungen und Übungsanleitungen

Glaubt nicht alles

„Glaubt nicht alles, nur weil ich es sage!"

(Buddha)

So jedenfalls soll der Buddha gesagt haben und obwohl wir dem zustimmen, sind wir doch geneigt, das Gegenteil zu tun, denn wem, wenn nicht beispielsweise ihm, sollte man überhaupt glauben können? Schon hier wird die Nichtlinearität des gesprochenen Wortes deutlich. Buddhas Intention ist uns jedoch klar. Er meinte, dass wir seine Aussagen aktiv prüfen sollten, um eigene Erfahrungen zu machen.

Jedoch muss man seine Aussagen nicht erst einmal glauben, um sie überhaupt prüfen zu können? Die gegenteilige und genauso wahre Aussage Buddhas wäre demgemäß: „Glaubt alles was ich sage!" Um ein Beispiel zu geben: Hätte Buddha behauptet, dass Autofahren schwierig sei, aber erlernbar, so könnte man auf mindestens zwei Arten richtig mit dieser Aussage umgehen und auf mindestens zwei Arten falsch.

Richtig wäre zu sagen: „Ich lerne Autofahren, mal sehen, ob es schwierig ist." Oder: „Es ist schwierig, aber vielleicht schaffe ich es ja trotzdem Autofahren zu lernen."

Falsch wäre zu sagen: „Autofahren interessiert mich sowieso nicht." Oder: „Autofahren wäre cool, aber wenn es schwierig zu lernen ist, habe ich keine Lust dazu."

Untersuche einmal, wieviel Glauben und Nichtglauben jeweils in den unterschiedlichen Herangehensweisen steckt. Kann man überhaupt Unterschiede erkennen? Lässt sich daraus eine Regel ableiten, wie man konkret mit jedweden Aussagen umgeht? Und wozu dienen die Aussagen dann überhaupt?

Es ist, auf Aussagen bezogen, übrigens sehr interessant, dass sie sich oft auch noch in andere Richtungen spiegeln lassen. Auch dabei verlieren sie nicht an Aussagekraft. Aus: „Glaubt nicht alles, nur weil ich es sage!" haben wir hier zur Probe: „Glaubt alles was ich sage!" gemacht. Wie steht es mit: „Glaube nicht nicht alles, nur weil ich es sage!" Oder mit: „Glaube nicht alles, nur weil ich es nicht sage!" Oder ganz kurz mit: „Wisse!"

Über Meditation

In liebevollem Gemütszustand verweilend und überall in allem sich wiedererkennend durchstrahlt der wahrhaft spirituelle Mensch die ganze Welt mit liebevollem, weitem, tiefem, unbeschränktem, von Grimm und Groll geklärtem Gemüt. In erbarmendem, freudvollem, unbewegten Gemütszustand verweilend und überall in allem sich wiedererkennend durchstrahlt er die ganze Welt mit liebevollem, weitem, tiefem, unbeschränktem, von Grimm und Groll geklärtem Gemüt.
(Die längeren Lehrreden, 33 - Übereinkunft, Vier göttliche Geisteszustände)

Die im Folgenden kurz angesprochenen vier Punkte sollen einen Einstieg in das Verständnis der buddhistischen Meditationspraxis ermöglichen. Es ist leider so, dass viele verschiedene Schulen mit abweichenden Ansätzen und zudem unterschiedlichen Definitionen einzelner Punkte existieren. Deshalb kann diese Auflistung nicht wirklich „richtig" sein, aber dafür ist sie einigermaßen übersichtlich.

Ruhiges Verweilen
(Samatha)

Die Meditationsübung „Ruhiges Verweilen" ist eine Grundübung, die die Konzentration der Aufmerksamkeit schulen soll. Auf der anderen Seite sollen wir durch das Erleben der Konzentration erkennen, dass der Geist nicht zwingend die ganze Zeit hin und her gerissen sein (Affengeist), oder zwanghaft um ein Thema kreisen muss – was wir ja ebenfalls erleben, wenn wir uns bewusst auf einen selbst gewählten Gegenstand konzentrieren.

Als Meditationsobjekt bietet sich an erster Stelle der Atem an. Das Gefühl des durch die Nase ein- und austretenden Atems oder auch das Heben und Senken des Brustkorbes kann beobachtet werden. Zählen des Atems ist möglich. Ein kurzes Mantra kann Objekt sein. Ebenfalls ein visualisierter Gegenstand.

„Ruhiges Verweilen" kann aber auch als eigenständige Meditation betrachtet werden und führt den Praktizierenden durch die Beruhigung des Geistes bei andauernder Übung in die acht Meditationsvertiefungen.

Die acht Meditationsvertiefungen
(Jhana)

Die ersten vier Vertiefungen nennt man die feinkörperlichen Vertiefungen, weil sie physisch spürbar sind. Darüber hinaus haben sie Parallelen zu Alltagsempfindungen.

erste Vertiefung: Anfängliche und anhaltende Hinwendung des Geistes, Glückseligkeit

zweite Vertiefung: innere Beruhigung, Glückseligkeit

dritte Vertiefung: Gleichmut, Wissensklarheit, Glückseligkeit

vierte Vertiefung: Gleichmut, Herzensruhe, Reinheit der Achtsamkeit

Die nächsten vier Vertiefungen sind die formlosen oder unkörperlichen Vertiefungen:

5. Raumunendlichkeit

6. Bewusstseinsunendlichkeit

7. Nichtsheit

8. Weder-Wahrnehmung-Noch-Nichtwahrnehmung

Wenn alle acht Vertiefungen stattgefunden haben, erreicht man schließlich einen neunten Zustand, in dem Empfinden und Wahrnehmen gänzlich aufhören.

Einsichtsmeditation
(Vipassana-Meditation)

Die Einsichtsmeditation schult durch selektives Beobachten von Körper(gefühl), Emotion und Gedanken die bewusste, nicht wertende Wahrnehmung dieser Bereiche im gegenwärtigen Augenblick. Wir beobachten das Werden, Bestehen und Vergehen dieser Zustände und erlangen so schließlich eine höhere Form von Achtsamkeit, die das So-Sein jeglicher Vorgänge in der Alltagspersönlichkeit akzeptiert, ohne mit Verdrängung, Beschönigung, Ergreifen darauf reagieren zu müssen. Dies führt zu einer nicht-dualistischen Sichtweise und ist zudem Voraussetzung für verblendungsfreie, wirkliche Veränderungen in der Persönlichkeitsstruktur.

Die vier zu kultivierenden Geisteshaltungen
(Brahmavihara)

Liebende Güte, Wohlwollen (metta)

Mitgefühl (karuna)

Mitfreude (mudita)

Gleichmut, Nicht-Anhaften, Nicht-Ergreifen (upekkha)

Das christliche Gebot der Nächstenliebe und Selbstliebe ist hier etwas detaillierter aufgeschlüsselt. Dadurch wird Nächstenliebe verständlicher und es wird uns möglich, durch Einübung dieser Geisteshaltungen die Wurzelelementale der Nächstenliebe fest in unserer Alltagspersönlichkeit zu verankern. Die Grundübung ist die Liebende-Güte-Meditation, bei der man nach und nach – von sich selbst über eine geliebte, nahestehende Person ausgehend – schließlich auch „schwierigen" Personen innerlich gegenübertritt. Ebenso verfährt man mit Mitgefühl und Mitfreude, um endlich, nachdem man die ersten drei Haltungen erarbeitet hat, seinen Gleichmut zu schulen. Es ist wichtig, dies zuletzt geschehen zu lassen, da man sonst Gefahr läuft nicht Gleichmut sondern Gleichgültigkeit heranzuziehen. Gleichmut bedeutet: Nicht ergreifend lieben, nicht ablehnend hassen und nicht gleichgültig sein!

Spirituelle Praxis

Was ist spirituelle Praxis? Was ist keine spirituelle Praxis?
(„Schlaue Fragen", Nr. 23 und Nr. 24)

Ja wirklich, um die Antwort kurz zu halten könnte man sagen: Aufmerksames Sitzen ist spirituelle Praxis und das genügt. Das Gegenteil ist auch kurz: Alles ist spirituelle Praxis, wenn alles mit der richtigen Geisteshaltung vollzogen wird. Beides ist richtig, aber aufmerksames Sitzen allein scheint etwas dünn und man fragt sich, ob denn alles andere zwangsläufig falsch ist, und beim Gegenteil bleibt die Frage nicht aus, wie denn die richtige Geisteshaltung aussieht.

Unsere Erfahrungen zeigen, dass die Temperamente der Suchenden unterschiedlich sind und sie gleichzeitig unterschiedliche Fähigkeiten und Schwächen mitbringen. Daher ist es sinnvoll, einmal eine Sammlung unterschiedlicher Ansätze spiritueller Praktiken vorzunehmen. Jeder Suchende muss sich für die tägliche Praxis aus dieser Liste für einige wenige oder auch nur eine einzige Methode entscheiden. Ausschlaggebend scheint uns zu sein, dass wir einerseits die Übungen aussuchen dürfen, die uns leicht fallen, da sie einen hohen Bestätigungswert haben und als befriedigend empfunden werden. Andererseits sollte man aber gerade das üben, was einem schwer fällt – denn die leichten Übungen beherrscht man ja bereits. Also macht nicht nur die Auswahl, sondern auch die richtige Mischung den „richtigen" spirituell Praktizierenden.

Das Wahrheitsforscher-System fordert die abendliche Innenschau und Selbstanalyse. Die Innenschau beschäftigt sich einerseits mit dem grobstofflichen Körper und will ihn genau kennenlernen. Darüber hinaus will sie aber über den materiellen Körper hinausblicken und auch den psychischen und noetischen Körper mit seinen Details erkennen.

Die Selbstanalyse beschäftigt sich dann mit dem realen Verhalten im Tagesverlauf.

Darüber hinaus kennt das Wahrheitsforscher-System noch das Gebet. Besonders das Vaterunser ist bedeutungsvoll. In der Kurzform wird es mit der Bekreuzigung und der Visualisation des Kreuzes verbunden. Andere Formen wie Bittgebet, Dankgebet und Lobpreis sind implizit erwünscht. Die sieben Selbstgelöbnisse der Wahrheitsforscher haben einerseits ebenfalls Gebetscharakter, gehen aber bei entsprechender Auseinandersetzung schon in die Richtung kontemplativer, elementalerschaffender Meditation.

Weitere vorgegebene und für die tägliche Praxis erwünschte Meditationen sind aus verschiedenen Aspekten zusammengesetzt. Loslassen der Alltagssorgen und -gedanken, Atemübung und teils sehr komplexe Visualisation. Meditationsübungen gibt es in großer Fülle und der Übende kann sich unter sehr verschiedenen Zielrichtungen etwas für ihn passendes aussuchen. In einigen Übungen wird auch allumfassende Liebe in Form eines visualisierten, vom Herzzentrum ausstrahlenden, rosafarbenen Lichtes über den gesamten Planeten ausgebreitet.

Gesondert genannt werden muss einerseits die Heilungsarbeit zusammen mit der Projektion ätherischer Vitalität und von Gedankenwünschen. Andererseits das Auswählen und Ersetzen unerwünschter Elementale innerhalb der Alltagspersönlichkeit. Dabei ist darauf zu achten, dass man Elementale nach den Erfahrungen des Autors am leichtesten durch den Gegenspieler des unerwünschten Elementals ersetzen kann – was eigentlich so logisch ist, das es vielleicht deshalb nicht in der Literatur erwähnt wird.[1] Theoretisch kann man ein ausgewachsenes Geizelemental sicher auch durch ein Elemental für exzessives Briefmarkensammeln ersetzen. Doch schon vom Prozess her ist es sicher einfacher,

[1] Oder habe ich es nur übersehen? Dann bitte umgehend melden... ^^

es durch ein Großzügigkeits- und Gebefreudigkeitselemental zu ersetzen.

Jenseits der direkten Wahrheitsforscher-Übungen gibt es aber noch eine Reihe von Dingen, die sich aus der wahrheitsforscherischen (spirituellen) Ausrichtung ergeben – wenn denn diese Ausrichtung vorhanden ist. Eine wichtige Grundentscheidung ist die Frage der äußeren und inneren Hörerschaft[2]. Solange man sich nicht wirklich für die Arbeit innerhalb einer bestimmten Systematik – oder, wenn man das Glück hat, innerhalb eines bestimmten Kreises von Gleichgesinnten – entschieden hat, ist man praktisch garnicht ausgerichtet. Man gehört zur äußeren Hörerschaft und ist eigentlich noch auf der Suche nach dem „richtigen" Umfeld. Dauerhaft in diesem Zustand zu verharren kann man recht leicht als Trick der Alltagspersönlichkeit erkennen, die sich vor ernsthaften Veränderungsversuchen schützen will.

Mit der Entscheidung und dem Eintritt in den Zustand der inneren Hörerschaft beginnt die Frage nach der Verantwortung und Verbindlichkeit. Beides muss mehr und mehr nach innen wie nach außen umgesetzt werden. Dabei werden zwei weitere Grade der Ausrichtung durchschritten, bevor der Schüler Verantwortung und Verbindlichkeit tatsächlich in einem verhältnismäßig hohen Maß annimmt.

Nach innen bedeuten Verantwortung und Verbindlichkeit beispielsweise, dass wir mit der spirituellen Praxis Ernst machen, dass wir von uns ausgewählte Übungen täglich praktizieren und uns mit den Ergebnissen unserer Bemühungen auseinandersetzen. Nach außen bedeutet, dass wir unsere Erkenntnisse nach Möglichkeit mit unseren Mitsuchenden teilen, dass wir inspirierend und unterstützend auf sie wirken – ohne uns aufzudrängen und ohne in unserer Bereitschaft nachzulassen. Darüber hinaus sollte man die Belange der spirituellen Gemeinschaft zu seinen eigenen machen. Unterstützung kann sich auf vielen Ebenen äußern, sie muss aber als innere Haltung gewollt werden. Man sollte sich auch nicht mit anderen vergleichen, sondern vor allem nach seinen eigenen Unterstützungsmöglichkeiten forschen.

Ein ganz wichtiger Faktor ist ohne Zweifel der Ausbau unserer Fähigkeit, als Schülerlehrer oder später als Lehrerschüler zu wirken. Der Schülerlehrer ist in der Lage, Informationen weiterzugeben, die er selbst erlernt hat. Der Lehrerschüler teilt darüber hinaus eigene Erfahrungen mit anderen Suchern. Diese Weitergabe von theoretischem und praktischem Wissen garantiert auf der Ursache-Wirkungs-Ebene, dass man selber mit weiterführendem theoretischen und praktischen Wissen versorgt wird.

Es gibt aber noch eine Unzahl von anderen Möglichkeiten. In dieser Welt sind sie beispielsweise – einerseits auf einem niedrigen Niveau aber andererseits höchst vordergründig – finanzieller Natur. Hier gibt es eben keinen angemieteten Raum, keinen Tee, kein Meditationskissen, keine Arbeitsmaterialien, ohne dass jemand dafür bezahlen muss. Der Autor erinnert sich, dass er vor etlichen Jahren für hundert Mark im Monat an Sonntagen einen Raum angemietet hatte. Dieser Umstand war allen jenseits der aktiven Verdrängungsmechanismen „bekannt" und ebenso die Tatsache, dass die finanzielle Ausstattung des Autors damals nicht üppig war. Trotzdem konnte er seinerzeit schon froh sein, wenn er monatlich 30 Mark zugeschossen bekam. Nach schüchterner Nachfrage! Sicher hätte ein offensiveres Auftreten die Summe erhöhen können, doch ist nicht im Zuge von Entscheidung und Ausrichtung von jedem Einzelnen zu erwarten, dass er seine Verbindlichkeiten erkennt? Das Ganze hat aber natürlich auch noch eine andere Seite, ermöglichte der spärliche Einsatz der Anderen dem Autor doch ein umso intensiveres Üben der hier dargestellten Tugenden.

Des weiteren kann man auch den Garten des Meditationshauses pflegen, regelmäßig zu den Treffen kommen, die Webseite gestalten, angemessene Werbung betreiben, Tee zubereiten, Arbeitsmaterial besorgen und verteilen, Kissenbezüge waschen, Audio-Meditationen aufzeichnen, den Zaun streichen, den Meditationsraum reinigen, Meditationsorte schaffen und zur Verfügung stellen, Mitsuchende in Wort und Tat unterstützen – auch bei alltäglichen Dingen wie Renovierungen oder Umzügen, Versammlungen vorbereiten, Versammlungen leiten, Texte verfassen, sich erkennbar machen und zur eigenen Praxis stehen, sich die Symbole der Gruppe tätowieren lassen[3] und unendlich viel mehr...

Denn so wie Beziehungen und Elternschaft Übungsfelder für alle Menschen sind, so ist die Steigerung davon für Wahrheitsforscher die Übung im Kreis der Gleichgesinnten. Niemand ist dem anderen völlig gleich und die Unterschiede machen die Nächstenliebe und andere Tugenden manchmal schwierig. Trotzdem sollte es im spirituellen Kreis noch recht einfach sein. Die weitere Steigerung der spirituellen Praxis ist nämlich, das oben Angesprochene auch noch auf den Rest der Menschen zu übertragen, mit denen man zu tun hat. So wie es im fünften Selbstgelöbnis der Wahrheitsforscher steht.

Aber um eines nochmal deutlicher auszusprechen: Wenn wir denn an Karma und Wiedergeburt glauben, so ist das Resultat der von uns übernommenen Verantwortung und Verbindlichkeit klar. Natürlich sollte das Schaffen karmischer Bedingungen nicht der **Anlass** für unsere Bemühungen sein, aber sie sind eine zwingende **Begleiterscheinung**. Wir können uns darauf verlassen. Je näher und hingegebener wir einerseits der spirituell orientierten Menschheit und andererseits den Menschen überhaupt sind, desto näher und hingegebener sind sie uns. Dies ist eine Garantie für uns, im nächsten Leben in förderlicheren Umständen und näher an der Wahrheit geboren zu werden. Dazu muss man nur eins und eins zusammenzählen! Schlichtes einsatzloses Konsumieren

[3] dies aber nur nach wirklich eindeutiger Entscheidung!!!

und das Suchen des eigenen Vorteils ist demgegenüber vielleicht nicht der ideale Nährboden für einen guten Weg durch die Inkarnationen...

Schließlich gibt es noch einige andere Übungen, die uns jenseits der Vorangehenden sinnvoll erscheinen. Teils, weil sie den Übungen innerhalb des Wahrheitsforscher-Systems stark ähneln und gleichzeitig Ergänzungen darstellen – wie zum Beispiel die spinale Psychopraktik. Teils auch, weil sie Aspekte des Wahrheitsforscher-Systems ausführlich bearbeiten, die im System nur als Randnotiz angesprochen sind aber wichtige Voraussetzungen darstellen. Denken wir hier besonders an die Aufmerksamkeits- und Konzentrationsübungen, die Einsichtsmeditation und die damit verbundenen detailreichen Anleitungen des Buddhismus. Sie sind zum Kennenlernen der vielfältigen Aspekte der Alltagspersönlichkeit und zur Befähigung zur Arbeit mit und an diesen Aspekten ideal.

Das aufmerksame Sitzen, bei dem man betrachtet, wie der grobstoffliche Körper sich insgesamt oder an irgendeiner Stelle fühlt, oder welche Gedanken und Emotionen im gegenwärtigen Augenblick aufsteigen und, wenn wir sie nicht ergreifen, schnell wieder vergehen, lässt sich als Innenschau begreifen. Das aufmerksame Sitzen mit Konzentration auf den Atem unterstützt das Freiwerden von Gedanken und Emotionen und vom Umherschweifen derselben in Vergangenheit und Zukunft. Wir gelangen zum Sein im Augenblick und öffnen dem höheren Selbst eine Tür.

Wir müssen nicht praktizieren **wollen**, wir müssen es **tun**. Es ist mit Gewissheit immer nur der gegenwärtige Augenblick, der uns dafür zur Verfügung steht. Die Vergangenheit ist für immer vergangen und unveränderlich, die Zukunft im Detail ungewiss und im Ganzen vielleicht etwas, an dem wir in diesem Leib und mit diesem theoretischen Wissen nicht teilhaben werden. Wenn also nicht jetzt, wann dann?

Nichts denken

Vorschriften beobachten und die Regeln einhalten heißt, sich ohne Seil binden. Frei und ungehemmt handeln, so wie man will, heißt, das tun, was die Häretiker und Dämonen zu tun pflegen. Den Geist erkennen und läutern, ist das falsche Zen des schweigenden Sitzens. Sich selbst die Freiheit geben und die wechselseitigen Bedingungen ignorieren bedeutet, in einen Abgrund fallen. Wachsam und niemals zweideutig sein heißt, Ketten und ein eisernes Joch tragen. Über Gut und Böse nachdenken gehört dem Himmel und der Hölle an. Eine Buddha-Sicht und eine Dharma-Schau haben heißt, zwischen zwei Bergen eingeschlossen sein. Wer es erkennt, sobald sich ein Gedanke regt, ist einer, der seine Kraft erschöpft. Einfach quietistisch dazusitzen, ist die Praxis von Toten. Wer vorwärts geht, weicht vom Prinzip ab. Wer rückwärts geht, ist gegen die Wahrheit. Wer weder vorwärts noch rückwärts geht, ist ein toter Mensch, der noch atmet. Nun sage mir, was wirst du tun? (Zen-Anweisung)

„Wir lassen unsere Gedanken und Gefühle zur Ruhe kommen." Diese Anweisung am Anfang einer geführten Meditation ist allen bekannt. Die Methode, sich die Zwischenräume „zwischen" den einzelnen Gedanken bewusst zu machen und nach und nach zu weiten, durch Beruhigen und Loslassen des Gedankenstromes Gedankenstille zu kultivieren – auch das ist nicht mehr neu. Kurz: Es erscheint so, als ginge es darum **nicht zu denken**, das Denken (und die Gefühle) **anzuhalten**.

Das ist richtig! Und falsch – je nachdem, wie wir es verstehen. Auch das Gegenteil zu behaupten, wäre richtig und falsch. „Nichts denken!" ist eine Handlungsanweisung innerhalb der Trennungswelten mit den Mitteln der Trennungswelten. Nämlich mit Worten.

Es gibt die Frage: „Warum machen die Meister Worte?" Und die Antwort darauf: „Aus Gnade." Im Grunde spielen die Meister ein Spiel und es treibt sie die Hoffnung. Wie bei einem Pachinko-Spiel schießen sie hunderte von Worten (Kugeln) ab. Wie die Kugeln das Labyrinth aus Stiften, Kanälen und Klappen nach unten durchrieseln und durch welches Loch sie am Ende fallen ist eigentlich nicht vorherbestimmbar. Fakt ist, das immer wieder mal jemand da ist, der ein Wort auf die richtige Weise versteht. Das ist dann die Erfüllung der Gnade.

Beim Verstehen von Worten geht es kurz gesagt darum, den „Geist" der Worte zu verstehen, nicht die Worte selbst. Das Verstehen der Worte ist – bei spirituell bedeutungsvollen Aussagen – nur ein notwendiger Zwischenschritt. Mögliche Herangehensweisen zu einem tieferen, „geistigen" (spirituellen) Verständnis sehen beispielsweise so aus. Zu einer Aussage stellen wir uns die gegenteilige Aussage vor und untersuchen, ob, wann und von welchem Blickwinkel aus diese gegenteilige Aussage richtig ist. Oder wir stellen uns zu einer Aussage die gegenteilige Aussage vor und untersuchen, ob, wann und von welchem Blickwinkel aus diese beiden gegenteiligen Aussagen richtig oder falsch sind. Oder wir betrachten eine Aussage als eine Aussage innerhalb einer Wahrheitshierarchie, untersuchen, ob die Aussage auf „niedrigeren" Niveaus bei gleichem Wortlaut gleich wahr bleibt, oder ob der Wortlaut angepasst werden muss. Gleiches versuchen wir dann auf vorgestelltem möglichen „höheren" Wahrheitsniveaus zu tun.

Auf das Nicht-Denken bezogen sieht die „wahrere" Wahrheit so aus. Die Übung nicht zu denken ist richtig. Sie lenkt die Aufmerksamkeit des Alltagsbewusstseins auf die Tatsache, dass die gedanklichen (und emotionalen) Prozesse oft einen wilden Reigen tanzen. Besonders dann, wenn wir versuchen, sie zu beobachten und zu beruhigen. Einen Reigen, der sich nicht nur mit dem gegenwärtigen Augenblick hektisch auseinandersetzt, sondern auch noch teils wechselnd und wahllos in nähere oder fernere, subjektiv verbrämte Vergangenheiten und gewünschte oder gefürchtete, konstruierte Zukünfte erstreckt. Außerdem können wir erkennen, dass es bei praktisch jedem Menschen auch weniger hektische Zustände gibt. Der eine erlebt sie beim Fernsehen, wenn er konzentriert einer äußeren Geschichte folgt, der andere vielleicht bei einem Waldlauf, bei dem er ganz im Tun aufgeht (Flow-Erlebnis). Man kann darin gewiss graduelle und wertige Unterschiede sehen, aber in beiden Fällen erlischt die innere Hektik und das Abdriften in Vergangenheit und Zukunft. Wir erkennen die „Möglichkeit" größerer Ruhe.

Davon ausgehend können wir beginnen. Wir sitzen entspannt und aufrecht, beobachten den Strom der Gedanken und versuchen einerseits, die auftauchenden Gedanken zwar wahrzunehmen, aber nicht zu ergreifen, und andererseits, den kleinen, zeitlichen „Spalt" zwischen den einzelnen Gedanken erst zu erkennen und dann nach und nach auszudehnen. All dies geschieht **innerhalb** des Alltagsbewusstseins.

Was geschieht aber, wenn wir den „Spalt" wahrnehmen und vergrößern? Sicher, einerseits tritt Beruhigung in der Alltagspersönlichkeit ein, aber auf was blicken wir durch den Spalt, wohin gelangen wir, wenn wir schließlich durch den Spalt hindurchgehen? Wir gelangen in den weiten Raum des höheren Selbstes – in den Bereich unserer wahren Wesensnatur. Für sie ist die Alltagspersönlichkeit nur eine Funktion, ein Vehikel. Hier im höheren Selbst findet Denken, Fühlen und grobstoffliche Körperlichkeit nicht statt, sondern ist nur ein Eindruck, dem man sich hingeben kann, den man aber auch ignorieren kann. Doch wohlgemerkt, es bedeutet nicht, dass keine Gedanken mehr existieren. Wäre dem so, so würde eintreten, was im obigen Motto dieser Betrachtung zu lesen ist: „Einfach quietistisch[4] dazusitzen,

[4] Womit hier der durchaus spirituelle Ansatz des christlichen Quietismus nicht geschmäht werden soll. Wahrscheinlich ist die Übersetzung lediglich unglücklich formuliert.

ist die Praxis von Toten." Nicht denken und fühlen bedeutet tot zu sein.

Aber nochmal etwas genauer hingeschaut! Wir sprechen von einem Prozess, nicht von erst hier, dann da. Besonders bei anfänglichen Erfolgen, wenn wir erst auf und dann durch den langsam sich weitenden Spalt zwischen den Gedanken blicken, schauen wir **aus** und **mit** der Alltagspersönlichkeit. Die Gedankenfreiheit dessen, was wir erblicken, teilt sich der Alltagspersönlichkeit mit und es kann die übliche Verwechselung stattfinden. Ja, sie ist in der ersten Zeit sogar förderlich, weil der Schüler sonst Schwierigkeiten hat, die Übung erfolgreich auszuführen. Er kann aber ab einem bestimmten Punkt über den Sachverhalt informiert werden und sollte sich dann trotzdem weiter auf die Übung einlassen können.

Ausrichtung

„Ausrichtung statt Einrichtung!"
(Ludwig Kirchhofen)

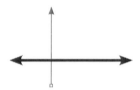

Die Alltagspersönlichkeit ist die Summe der Elementale – also der Gefühlsformen und Gedankenformen. Sie hat keine dauerhafte Eigenexistenz, sondern ist beständigem Wandel unterworfen. Um die Wirkung der Elementale aufeinander und miteinander zu verdeutlichen, betrachten wir einmal diese bildhafte Beschreibung.

Stellen wir uns unseren Gefühls- und Gedankenkörper[5] als einen eisernen Wok vor. Es gibt als Kinderspielzeug kleine batteriebetriebene Elektromotoren mit einer kleinen Schiffsschraube und einem Saugnapf, die man als Antrieb unter einem Spielzeugboot befestigen kann. Diese Motoren gibt es in unterschiedlicher Form und Stärke und natürlich mit unterschiedlichen Ladezuständen der Batterien. Nehmen wir an, jedes Elemental sei solch ein Elektromotor, der irgendwo an der Außenfläche des Woks befestigt sei. Jeder in irgendeinem Winkel, irgendeiner Richtung, aufwärts seitwärts, schräg – ohne Rücksicht auf die anderen Motoren.

Der Wok schwimmt auf einem großen See. Er stellt das Kontinuum[6] dar, in dem das menschliche Leben stattfindet. Die Motoren treiben den Wok an. Es entsteht je nach ihrer Anordnung eine Bewegung. Eine Drehung auf der Stelle, ein Fahren in einem

---

[5] Wir können auch von zwei Körpern sprechen. Einfachheitshalber fassen wir sie hier aber zusammen, da sich Gefühle und Gedanken ohnehin in vielen Fällen wechselseitig hervorrufen und selten in Reinform vorkommen.

[6] lat. continuum „das Zusammenhängende"

mehr oder weniger großen Kreis oder das Fahren in eine Richtung. Zudem laufen alle Motoren auch nicht die ganze Zeit mit gleicher Stärke sondern unterliegen Schwankungen, die den Aktivitäten der Elementale in der Alltagspersönlichkeit entsprechen. Insofern kann die Fahrt auch abrupten Richtungswechseln und Beschleunigungen unterliegen. All diese Bewegungen sind aber nicht das Resultat einer bewussten Entscheidung, sondern zufälliges Ergebnis der Summe der Motoren. Könnte man die Woks befragen, würden allerdings viele behaupten, sie führen willentlich auf ihre individuelle Weise.

Würde man aber die Alltagspersönlichkeit befragen – also dich oder mich – warum sie sich so oder so verhält oder dies oder das tut, so würde sie ihr Verhalten als gradlinig-bewusstes Resultat ihres Wollens oder ihrer fest gegründeten Individualität bezeichnen. Erst echte, wirklich spirituelle Informationen und aufmerksame Beobachtung lassen uns das eigentlich ziellose Treiben der Menschen erkennen. Hat man schließlich dieses Getriebensein auch bei sich selber erkannt, entsteht schnell der Wunsch nach Kontrolle. Das Problem ist, dass Kontrolle allein zu nichts führt, wenn es kein sinnvolles Ziel gibt – man würde auf nichts hin kontrollieren. Aber auch Ziele sind allzu leicht wiederum Elementale. Vielleicht bei starkem Wunsch ein besonders starkes, also bestimmendes Elemental, aber, um im Bild zu bleiben, damit lediglich ein weiterer Motor unter vielen. Der „Kurs" der Alltagspersönlichkeit ist somit weiteren unberechenbaren Schwankungen unterworfen.

Was wir brauchen ist spirituelle Ausrichtung aller Elementale und die Fähigkeit, als höheres Selbst die Kontrolle der Alltagspersönlichkeit zu übernehmen. Natürlich ist das ein Prozess und dieser Prozess ist auf einer bestimmten Betrachtungsebene der Kern unserer Bemühungen. Es geht dabei nicht darum, jedes einzelne Elemental aufzulösen, das nicht ausschließlich hochspirituell ist.

Wir können beispielsweise durchaus unsere Freude an gut zubereitetem, hochwertigem, leckeren Essen und dem entsprechenden Elemental pflegen. Wir müssen uns nur der wandelbaren Natur des Elementals bewusst sein und gleichzeitig dafür sorgen, dass es sich in die Harmonie der ausgerichteten Elementale einfügt und nicht den Gesamtkurs der ausgerichteten Alltagspersönlichkeit stört. Ziel ist es schließlich nicht, unsere Individualität zu zerstören. Weder auf der Ebene der Alltagspersönlichkeit, noch auf der des höheren Selbstes. „Spirituelle Gleichschaltung" ist nicht erwünscht und auch in keiner Weise nötig.

Aber wie sieht spirituelle Ausrichtung aus und wie kann ich sie erreichen? Einen mehr oder weniger guten Anfang kann man beispielsweise mit den zehn Geboten der Christen, den für Buddhisten verbindlichen fünf Silas oder den sieben Versprechen (Selbstgelöbnissen) der Wahrheitsforscher machen. Man muss die jeweiligen Regeln untersuchen und prüfen. Man muss herausfinden, wie bedeutungsvoll die einzelnen Regeln sind und versuchen, von einem nicht-egoistischen Standpunkt aus eine möglichst weitgehende Umsetzung der als wichtig erkannten Regeln im Alltag zu erlangen.

Dann darf man das Denken nicht scheuen und muss sich über das persönliche Woher und Wohin klar werden – und daraus abgeleitet über den gegenwärtigen Augenblick. Wozu, mit welcher Aufgabe, vor welchem Hintergrund **bin** ich gerade jetzt? Du wirst vielleicht sagen: „Wie kann ich das im Alltag umsetzen, das lässt sich doch unmöglich dauerhaft aufrecht erhalten?" Sei dazu an die 95%-Regel erinnert[7]. Wir versichern Dir, wenn Du nur fünf Prozent deiner wachen Zeit zu nur fünf Prozent aufmerksam gegen dich selber bist, wird dies nach kurzer Zeit deine Persönlichkeit in einem Maß verwandeln, das du dir gar nicht vorstellen kannst. Und gleichzeitig wirst du völlig du selber bleiben – ja du wirst sogar noch viel wirklicher du selber sein als vorher!

---

[7] Siehe die Betrachtung „Fünfundneunzig, fünf und fünf von fünf".

Die drei Schätze

Schatzilein, komm lass dich küssen
Heut' woll'n wir feiern
Das Glück genießen von früh bis spät
Denn Schatzilein, ein Tag wie heute
Geht leider viel zu schnell vorbei (Hansi Hinterseer)

In der buddhistischen Tradition wird die „Zuflucht" zu den drei Schätzen[8] Buddha, Dharma und Sangha als Entscheidung verstanden, den Weg zur Erleuchtung zu beschreiten. Man wird praktisch durch dreimaliges Sprechen der Zufluchtsformel Buddhist.

Als Äquivalent für den spirituell strebenden Menschen, der sich nicht gedrängt fühlt, sich konfessionell zu binden[9], entsprechen Buddha, Dharma und Sangha den spirituell Lehrenden, den spirituellen Lehren und der Gemeinschaft der spirituell Strebenden. Kurz gesagt: den Lehrern, den Lehren und der Gemeinschaft. Die „Zuflucht" wird in diesem Kontext als Hingabe, Annahme und Ausrichtung verstanden.

Warum werden Lehrer, Lehre und Gemeinschaft als drei Schätze betrachtet? Gibt es denn etwas, das aus einem bestimmten Blickwinkel für einen wahrhaften Sucher mehr von Bedeutung sein könnte – außer, man wäre gerade von akuten Leiden irgendeiner Art befallen? Und mit akuten Leiden meinen wir Hunger, Durst, Obdachlosigkeit und schmerzhafte oder tödliche Krankheit – nicht das Leiden darunter, keinen 500er Mercedes oder keine Lebensversicherung zu besitzen. Trotzdem verbringen wir große Teile unseres Lebens damit, uns mit allem Möglichen intensiv zu beschäftigen und einfach keine Zeit dafür zu haben, unsere Aufmerksamkeit auf die wirklich wichtigen Dinge zu richten. Bei Weltmenschen ist das zu erwarten, aber erschre-

---

[8] auch „drei Juwelen" oder „drei Kostbarkeiten"

[9] - oder seine bisherige Konfession zu wechseln, denn es gibt auch spirituelle Sucher, die innerhalb ihrer Konfession verbleiben wollen.

ckenderweise finden wir dies auch immer wieder bei Suchern aller Art. Es ist irgendwie eine dominierende Geisteshaltung oder doch zumindest eine, die sich immer wieder einschleicht.

Die „Zufluchtnahme" ist eine ausrichtende Grundübung. Etwas weniger komplex als die „Sieben Selbstgelöbnisse" und komplexer als eine „Liebevolle Güte Meditation". Sie ist wie die anderen beiden eine Übung, die durch tägliche Praxis für einen definierten Zeitraum oder als generelle Grundübung eine tiefgreifende Veränderung in vielen Bereichen des Lebens bewirken kann. Sie schneidet die Möglichkeit der tausend Dinge ab, sich in den Vordergrund zu drängen. Das soll nicht heißen, dass wir nicht trotzdem vielleicht hundert Dinge erledigen müssen, aber dies geschieht auf Basis der Zuflucht. Viele andere Dinge werden durch die Zuflucht zu den eigentlich wichtigen Dingen im Leben unbedeutend und damit über kurz oder lang überflüssig.

Beispiele für Zufluchtsformeln:

1. Ich nehme Zuflucht zu den Lehrenden, den Lehren und der spirituellen Gemeinschaft, deren würdiges Mitglied zu sein ich mich bemühen will, die Lehren weitertragend, selber zum Lehrenden werdend.

2. Ich nehme Zuflucht, zu den wahren Lehrenden, den wahren Lehren und der einen wahren Gemeinschaft.

3. Ich nehme die Verantwortung auf mich, als Kind der einen spirituellen Gemeinschaft, spirituelle Wahrheit zu leben und zu lehren.

4. Ich überantworte mich der spirituellen Gemeinschaft, den Lehren und den Lehrenden, um alle drei zunehmend zu leben und zu offenbaren, soweit ich es vermag.

5. Ich öffne mich den Lehrenden, den Lehren und der Gemeinschaft. Sie sind die Tür durch die ich gehe. Ich bin die Tür durch die sie gehen sollen.

Neben diesen oder selbst formulierten eigenen Formeln ist es wichtig, die einzelnen Formelbestandteile mit lebhaften inneren Bildern und Gefühlen zu kontemplieren. Dazu sind nur vier oder fünf Minuten täglich notwendig. Es können bei Gefallen aber auch mehr sein.

Eine Meditationsreihen-Praxisübung

Vater Lot ging um Vater Joseph zu sehen und er sagte zu ihm, „Vater, so weit ich es vermag, spreche ich mein kleines Offizium, ich faste ein wenig, ich bete und meditiere, ich lebe in Frieden und so weit ich kann, reinige ich meine Gedanken. Was kann ich sonst noch tun?" Da stand der alte Mann auf und streckte seine Hände gegen den Himmel; seine Finger wurden wie zehn Flammen aus Feuer und er sagte zu ihm, „Wenn du es willst, dann kannst du völlig zur Flamme werden."

(Texte der Väter)

Wir wollen eine zweistündige Meditationsreihe wagen. Eine rituelle Vorbereitung der Übung ist hilfreich. Sie kann in der achtsamen Vorbereitung des Meditationsplatzes bestehen. Oder auch in einem Duschbad, bei dem man visualisiert, wie man alle Alltagsanhaftungen (physisch, psychisch und noetisch) mit dem warmen Wasser und der Seife abwäscht. Die Vorbereitung kann auch im aufmerksamen, bewussten Trinken einer Schale starken, grünen Tees bestehen. Oder in einer Kombination aller Schritte.

„Freie" Sitzmeditationen - also die, die nicht durch eine Audioanleitung zeitlich bestimmt sind - sollten 10 bis 20 Minuten dauern. Ideal ist für die Einzelmeditation eine Meditationsuhr, die auf entsprechende Abschnitte eingestellt werden kann. Eine Uhr im direkten Blickfeld, auf der man immer wieder schaut, wieviel Zeit um ist, ist zu vermeiden. Oder zumindest der Blick dorthin sollte vermieden werden. Allerdings muss man ohne Meditationsuhr schon die Möglichkeit haben, die Zeit zu überprüfen. Eine Uhr in Reichweite ist also nicht zu vermeiden. Wer eine Stoppuhr oder ein Handy mit Stoppuhrfunktion hat, kann besser diese Möglichkeit nutzen.

1. Meditation (etwa 15 Minuten)

Hinsetzen (aufrecht und ausbalanciert), Vaterunser oder Bekreuzigung, Atmung und Puls synchronisieren, dann einfach bewusst und etwas tiefer als gewöhnlich weiteratmen, Alltagsgedanken und -emotionen loslassen. Wenn ein Gegenstand für die Aufmerksamkeit gewünscht wird, dann beispielsweise das Ein- und Austreten des Atems an der Nase.

2. Meditation (etwa 10 Minuten)

Eine Visualisationsübung, bei der man sich von strahlend weißem Licht (Lebensenergie) umgeben sieht und dieses mit der Atmung aufnimmt. Von der Lunge aus verbreitet sich das weiße Licht im gesamten Körper bis man auch seinen ganzen Leib als strahlend weißes Licht sieht. Man wünscht sich intensiv gute Gesundheit.

3. Gehmeditation (5 Minuten)

Achtsames auf und ab Gehen. Hände vor dem Herz übereinandergelegt (wie es bequem ist). Langsames Schreiten mit genauer Beobachtung des Setzens und Abrollens der Füße. Alternativ zur Gehmeditation: Niederwerfungen (5 Minuten).

Für eine Niederwerfung legen wir beide Hände zusammen und heben sie über den Kopf. Dann berühren wir die Stirn, den Herzbereich und den Nabelbereich mit den zusammengelegten Händen. Dann lösen wir die Hände, gehen nieder auf die Knie, lassen uns auf die Hände sinken und gleiten ganz zu Boden bis wir auf dem Bauch ausgestreckt mit über den Kopf gereckten, zusammengelegten Händen daliegen. Die Stirn sollte den Boden berühren und zuletzt heben wir die Hände über den Kopf indem wir die Ellbogen anwinkeln. Dann erheben wir uns wieder und beginnen von vorne.

Die einzelnen Bewegungen sollten mit einem gedanklichen und emotionalen Inhalt gefüllt werden. Beispielsweise: Wahres Selbst

(Hände über dem Kopf), ich heiße dich willkommen in meinem Denken (Hände berühren die Stirn), in meinem Fühlen (Hände berühren den Herzbereich) und meinem grobstofflichen Sein und Tun (Hände berühren den Nabelbereich).

Absolute, unendliche Seinsheit Gott, vor dir knie ich (niederknien), vor dir verneige ich mich (auf die Hände), vor dir werfe ich mich nieder (ausstrecken), dir wende ich mich zu (Hände erheben).

4. Den Zyklus wiederholen.

Dabei lässt man das anfängliche Vaterunser oder die Bekreuzigung weg. Die zweite Meditation kann durch eine andere ersetzt werden – beispielsweise durch „Eine Lichthülle". Die dauert nur sieben Minuten und die gesparte Zeit sollte dann der „freien" Meditation hinzugefügt werden. Bei einem etwa zweistündigen Wiederholen der Meditationsreihe sollte man aber nicht mehr als zwei verschiedene geführte Audiomeditationen verwenden. Gehmeditation und Niederwerfung dienen neben dem spirituellen Inhalt und Nutzen auch dem körperlichen Wohlbefinden – was besonders bei noch längeren Meditationsreihen nötig ist. Der Kreislauf wird durch die Bewegung angeregt und eine gesteigerte Wachheit ist die Folge.

Während einer zweistündigen Reihe kann man ein oder zwei mal achtsam eine Schale grünen Tee trinken. Nutzt man dazu eine geweihte Schale, kann man sich zusätzlich noch auf die spirituelle Gemeinschaft, ihre Unterstützung und die eigene Zugehörigkeit einschwingen.

Bei diesem Ablauf spräche nichts dagegen, die Übung auch fünf oder acht Stunden zu machen. Dann fügt man lediglich an sinnvoller Stelle eine Mahlzeit ein, die ebenfalls achtsam zu sich genommen wird. In Gemeinschaft ist Schweigen wünschenswert – wenn nicht gar Gebot.

Was für ein Napf bist Du?

„Auch wenn ein Dummkopf sein ganzes Leben in der Gesellschaft eines Weisen verbringt, wird er die wahre Lehre sowenig erkennen wie der Löffel den Geschmack der Suppe.“

(Dhammapada, Spruch 64)

Was, wenn die wahre Lehre eine Suppe ist, die von den Weisen ausgeteilt wird? Wie gehen wir mit dieser Suppe am besten um? Es gibt ein interessantes Gleichnis, das die Menschen mit Näpfen vergleicht. Die Näpfe sind in unterschiedlichen Zuständen und damit unterschiedlich auf den Empfang der Suppe eingestellt. Es gibt umgedrehte Näpfe, Näpfe mit löchrigem Boden, verschmutzte Näpfe, volle Näpfe und Näpfe, die idealerweise all dies **nicht** sind. Sie sind richtig herum, heile, sauber und leer.

Schauen wir etwas genauer hin. Was geschieht bei den verschiedenen Näpfen? Der umgedrehte Napf lässt die wahre Lehre über seine Außenseite fließen. Man könnte sagen, er schmückt seine Außenseite mit der Wahrheit, aber er lässt sie kein bisschen in sein Inneres hinein, er bewahrt sie nicht, er verschwendet sie. Und sobald der „Nachschub“ eingestellt wird, verblasst sogar die Oberfläche.

Beim löchrigen Napf ist es genau anders herum. Seine Oberfläche profitiert nicht von der Wahrheitssuppe. Die Wahrheit geht direkt in sein Innerstes. Doch weil sein Boden – also seine Basis, sein Fundament – Löcher hat, kann er ebenfalls nichts bewahren. Er verschwendet. Und ohne Nachschub bleibt nichts als ein löchriger Napf.

Der verschmutzte Napf nimmt die Suppe auf. Ja, aber sie mischt sich in seinem Inneren mit dem Dreck und wird ungenießbar oder doch zumindest verfälscht – je nach Art und Grad der Verschmutzung. Der verschmutzte Napf ist grundsätzlich aufnahmefähig, aber im Extremfall verschwendet auch er. Verfälscht er nur, so erwachsen daraus vielleicht Risiken für ihn und andere, die eben von Art und Grad abhängen.

Beim vollen Napf muss man sich fragen: „Voll womit?" Ist er vielleicht schon voll mit Wahrheit und möchte mehr aufnehmen? Dann muss er seine Größe verändern. Er muss wachsen. Will er verschiedene Darstellungsformen von Wahrheit mischen? Will er eine Form durch eine andere ersetzen? Das ist alles irgendwie legitim und kann tieferes Verständnis bewirken. Aber auf der anderen Seite ist auch ein Zeitverschwendungsaspekt erkennbar. Wenn der Napf mit etwas anderem als wahrer Lehre gefüllt ist – sei es mit nicht ganz so wahrer Lehre, mit falscher Lehre oder mit was-weiß-ich – dann gilt für ihn das gleiche, wie für den verschmutzten Napf.

Können wir erkennen, welcher Napf wir sind? Bei noch genauerem Hinsehen und in Erinnerung des Begriffs der „Multifaktorialität" erkennen wir, dass wir Mischformen darstellen. Da wird es dann noch interessanter. Durchdenken wir verschiedene Formen. Manche Formen stellen Verschlimmerungen dar und manche sind zumindest für eine gewisse Übergangszeit Verbesserungen. Der schmutzige Napf mit Löchern wird zumindest saubergespült. Der volle Napf mit Löchern kann garnicht voll sein. Der schmutzige umgedrehte Napf ist doppelt verkehrt. Hat er einen löchrigen Boden, geht die Suppe wenigstens teilweise durch ihn hindurch und reinigt. Voll und schmutzig ist doppelt igitt. Voll und falsch herum geht auch nicht.

Noch was?

Psychopraktik Wirbelsäule – eine Übung

*„Tue alles von dir hinweg, was nicht Gott ist,
und es bleibt nur Gott übrig."* (Meister Eckhard)

Es gibt spirituelle Übungen, bei denen der Inhalt und der direkte Nutzen eng begrenzt sind. Sie sind deshalb nicht schlecht, sondern sie sind eben so wie eine Hantelübung, die den Bizeps stärkt – und keinen anderen Muskel. Dagegen gibt es auch sehr umfassende spirituelle Übungen, die viele verschiedene Bereiche und Aspekte abdecken. Bei ihnen kann man einerseits weniger erwarten, dass man sie kurzfristig „erfolgreich abschließen" kann, aber dafür kann man andererseits einen stetigen, immer weiter fortgesetzten Fortschritt erwarten. Es sind Übungen fürs Leben. Übungen von umfassender Nützlichkeit, bei denen der Entwicklungsstand des Einzelnen nicht sehr bedeutsam ist, da sie auf allen Stufen weitere Fortschritte ermöglichen. Übungen auch, bei denen die spezifische Problematik des Einzelnen nicht vordergründig wichtig ist, da jede denkbare Schwierigkeit durch sie zumindest gelindert werden kann. Eine dieser Übungen ist die so genannte „Psychopraktik Wirbelsäule" oder auch „Spinale Psychopraktik".

Bevor wir auf verschiedene Details, eventuelle Schwierigkeiten und den Kontext der Übung eingehen, betrachten wir sie hier erst einmal, wie sie in einer Meditationsanleitung aussehen würde:

Sitze aufrecht und entspannt und schließe deine Augen. Komme innerlich zur Ruhe und konzentriere dich ganz auf die Übung. Um dich herum weißt du den ganzen unendlichen Raum angefüllt mit strahlend weißer, unerschöpflicher, alles durchdringender Lebenskraft. Du siehst mit deinem inneren Auge im unteren

Ende der Wirbelsäule – also im Steißbein – dieses strahlend weiße Licht einströmen. Sei auch mit deiner spürenden Aufmerksamkeit ganz auf diese Stelle konzentriert. Sei ganz in dieser Stelle.

Nun beginnst du mit deiner Aufmerksamkeit im Inneren der Wirbelsäule aufzusteigen. Knüpfe den Aufstieg an deine Einatmung, als ob du den Aufmerksamkeitsfokus mit der Einatmungsbewegung nach oben ziehen würdest. Bewege den oberen Rand deiner Aufmerksamkeit langsam nach oben und weite die Aufmerksamkeit aus, aber bleibe dir des ganzen Bereiches vom Steißbein an spürend bewusst. Vor deinem inneren Auge siehst du diesen ganzen Bereich als strahlend weißes Licht im Inneren deiner Wirbelsäule. Es strömt durch dein Steißbein herein und breitet sich mit jedem weiteren Atemzug und deiner Aufmerksamkeit aufwärts aus.

Während des Aufsteigens gelangst du hier und da an Stellen, an denen du nicht so leicht weiterkommst. Die Aufmerksamkeit schwindet, das weiße Licht will nicht so recht aufsteigen oder die Konzentration driftet ab. Vielleicht hast du auch das Gefühl, dass du an einem Punkt einfach nicht höher aufsteigen kannst. Kehre dann einfach bewusst zur Aufmerksamkeit und zur Visualisation des Lichtes zurück und versuche eine Weile sanft, den Blockadepunkt zu lösen und durch ihn hindurchzugehen. Wichtig ist es, den Blockadepunkt nicht mit Gewalt zu durchdringen oder ihn zu überspringen. Gelingt dir das nicht, dann beende die Übung bis zu einem späteren Versuch. Gelingt es dir nach einigen Versuchen, dann steige einfach weiter auf.

So gelangst du schließlich an das obere Ende deiner Wirbelsäule, die du jetzt auf der ganzen Länge spürst und als strahlend weiße Lichtwirbelsäule mit deinem inneren Auge siehst. Steige nun noch weiter auf, indem du Aufmerksamkeit und Licht einer ideellen Verlängerung deiner Wirbelsäule bis zum Schädeldach folgen lässt. Dort lässt du dann das strahlende Licht herausströmen ohne es weiter mit deinem inneren Auge zu verfolgen. Es schließt den Kreislauf mit dem durch das Steißbein einströmenden Lebens-Licht. Bleibe noch eine Weile bei dem Bild des durch dich hindurchströmenden Lichtes und der damit verbundenen spürenden Aufmerksamkeit und löse dich dann voller Dankbarkeit gegenüber Gott und mit guten Wünschen für dich und alle Wesen aus der Meditation...

Das Idealbild in dieser Übung ist das völlig blockadefreie Strömen der Lebensenergie vom Steißbein bis zur Schädeldecke. Dieser Zustand entspräche dem Entwicklungsstand eines vollendeten Meisters. Alle drei Verkörperungsebenen[10] würden vollkommen mit Lebensenergie versorgt und nichts davon würde in negative Bahnen gelenkt. Handeln, Fühlen und Denken wären in perfekter Harmonie mit dem göttlichen Willen. Jeder wird für sich ermessen können, dass dies kein schnell erreichbares Ziel ist.

Die Blockaden sind in millionenfach unterschiedlichen Ausprägungen und Kombinationen bei beinahe allen Menschen vorhanden und wirksam. Alles Unwohlsein des Körpers, der Gefühle und der Gedanken und alles schlummernde und noch verborgene Unheil in diesen Bereichen lässt sich mit ihnen erkennen und erklären. Eine lineare Benennung von Ursache und Wirkung ist aber wohlgemerkt nicht möglich. Wir wissen nur, dass Blockade und Mangel stets gemeinsam auftreten. Löse den Mangel und die Blockade verschwindet – löse die Blockade und der Mangel verschwindet. Wir gehen durch die Spinale Psychopraktik direkt die Blockaden an.

Wenn es auch Menschen gibt, die allein durch die Übung der Spinalen Psychopraktik verschiedene Probleme schnell und dauerhaft in den Griff bekommen haben, sehen wir sie nicht als einen alleinigen Behandlungsansatz, der irgendeinen anderen Versuch zur Erlangung von körperlichem, emotionalem und

---

[10] Grobstofflicher Körper, Gefühlskörper und Gedankenkörper

gedanklichem Gleichgewicht behindern oder ausschließen würde. Die Spinale Psychopraktik ist eine sinnvolle Ergänzung zu jedem anderen Ansatz, stellt aber doch auch einen Königsweg der spirituellen Praxis dar, der für sich alleine stehen kann.

Viele Übende haben in der ersten Zeit eine Fülle von Schwierigkeiten. Sie können kein weißes Licht visualisieren, nicht um sich herum und nicht in der Wirbelsäule. Sie können sich nicht konzentrieren, nicht auf die Übung allgemein und nicht auf einen bestimmten Abschnitt der Wirbelsäule. Keine Sorge! Regelmäßige Übung bringt Fortschritt. Dabei gibt es kein allgemeingültiges Zeitmaß. Vergleiche dich nicht mit anderen. Allerdings bedeutet regelmäßiges Üben immer tägliches Üben – wobei aber ein ausgefallener Praxistag kein Problem ist. Versuche nichts zu erzwingen. Tägliche Praxis bedeutet täglich 5 bis 15 Minuten. Nicht drei Stunden. Bemerkst du Blockaden, dann gehe sie sanft und ohne inneren Widerstand an. Versuche sie zu durchdringen wie rieselndes Wasser eine festgebackene Erdschicht. Es ist immer ein Weg da, denn eine völlige Blockade würde den Tod des betroffenen Menschen bedeuten. Trotzdem haben viele in der Anfangszeit den Eindruck, dass sie nicht durch eine Blockade hindurchkommen. Beende in dem Fall deine Meditation fürs erste. Du kannst es dann pro Tag noch ein oder zweimal versuchen.

Bedenke auch, dass nicht jede vorhandene Blockade für dich spürbar sein muss. Im schlechtesten Fall würde das auf Unaufmerksamkeit oder falsches Üben hindeuten. Im zweitbesten Fall würde es – neben dem besten Fall der tatsächlichen Meisterschaft – darauf hindeuten, dass du die Übung sehr gut vollziehst und du alle vorhandenen aktuellen Sperren gut und ohne Widerstand durchdringst und dabei bist, sie abzutragen. Dann werden aber mit hoher Wahrscheinlichkeit neue auftauchen, die neuen Entwicklungsaufgaben entsprechen, die bisher auf deinem Entwicklungsstand noch keine Rolle gespielt hatten.

Betrachte dich beim Üben keinesfalls nur von außen. Sieh deine Wirbelsäule in dir innerhalb der von dir selbst gespürten und quasi von innen gesehenen Körpergrenzen. Andernfalls würdest du ein Abbild deiner selbst schaffen und nur an Scheinproblemen arbeiten. Dies ist ein beliebter Trick der Alltagspersönlichkeit, die sich immer gegen Veränderung sträubt.

Die Übung kann sehr gut alleine und sowohl als geführte Meditation als auch als gemeinsame stille Praxis in einer Gruppe gemacht werden. Eine Steigerung stellt die Unterstützung eines erfahrenen „Psychopraktikers" dar, der die gleiche Übung während der Meditation von außen projiziert. Dies sollte dann nicht in der Gruppe sondern nur zu zweit gemacht werden. Dabei geht es nicht unbedingt darum, Eindrücke abzugleichen, denn es kann durchaus sein, dass der Unterstützer andere Sperren bemerkt und sanft bearbeitet.

Und abschließend noch einmal der Hinweis: Es ist absolut notwendig, diese Methode nicht als technische Methode zu begreifen, bei der mehr Druck mehr Ergebnis bringt. Wir müssen diese Übung in aller Demut und Sanftheit vollziehen und uns dabei vor allem dem göttlichen Willen und der göttlichen Führung anvertrauen. Ein kämpferisches Durchbrechen kann schwerwiegende Probleme hervorrufen, die für die spirituelle Entwicklung kontraproduktiv sind. Wir wünschen dir gutes Gelingen.

Aus den Dialogen der Kleinen

Wo Zwei in meinem Geiste beisammen sind, bin ich der Dritte!

Innere und äußere Hölle

Statt sich der inwendigen Hölle zu stellen und die gespiegelte äußere Hölle derart vorbereitet zielgerichtet zu durchschreiten, windet sich der Mensch und ist bereit, in Verweigerung des erkennenden Blickes auf sich selber weite Umwege auf sich zu nehmen. Auf diesen Umwegen jedoch durchschreitet er im Äußeren nichts anderes als eben jene Hölle, die im Inneren anzuerkennen er zu meiden sucht. Er schreitet einher, in immer weiteren Kreisen und dehnt so die Hölle aus. Darin wird er schuldig gegen die Welt.

Ebenso häuft er Leid auf Leid, und zusätzlich zur unnütz in der Hölle verbrachten Zeit durchschreitet er das Feuer auch noch rückwärts, so dass er zwar brennt, aber nicht die Ursachen seines Brennens erkennt. Darin wird er schuldig gegen sich selber.

Die Schuldigkeit gegen sich selber wird im Moment ihres Entstehens beglichen, die Schuldigkeit gegen die Welt muss in der Welt abgeleistet werden. Daher: Wenn der Mensch sich schließlich – durch Zeiten des Brennens erweicht – doch seiner inneren Hölle zuwendet, dürstend nach Befreiung, muss er dennoch von Anfang an die äußere Hölle durchschreiten, obwohl er doch bereits so lange in ihr wandelte. Dem kann er nicht entgehen. Allerdings blickt er vorwärts und wählt den kürzesten Weg. Genau das hat er anfangs verweigert. Hat die Verweigerung **irgendetwas** Positives gebracht?

Jein! Denn ein klares „Nein" hieße verleugnen, dass es eben der Brennprozess ist, der schließlich die Abwendung von der äußeren Hölle bewirkt. Ein klares „Ja" würde demgegenüber jedes Geschehen grundsätzlich rechtfertigen – was aber bei rechter Betrachtung allenfalls nachträglich möglich ist. In **diesem** Augenblick[1] hast du aber immer die Möglichkeit zu tun **und** zu verweigern. Verweigerst du jedoch, ist dies ein Akt der unbewussten

[1] Und diesem... und diesem... und diesem... Also hepp!!!

oder einst kommenden Selbstbestimmung? Eine frühe, noch werdende Form des eigenen (freien) Willens? Ein gelungener Widerspruch in sich selbst? **Jein**! Oder?

Die Misere des Ichs

Ein wichtiges und unumgängliches, nicht zu vermeidendes Aufgabenfeld des Menschen auf seinem Weg zur spirituellen Vergeistigung (Erwecken und Kultivierung seines Selbst) ist die Meisterung seiner animalischen Merkmale, die zweifelsohne sein Handeln bestimmen. Dennoch kann man den Menschen nicht aufgrund dieser auf die tierische Ebene reduzieren.

Aufgrund der evolutionären sowie auch der historischen Entwicklung der geistigen und materiellen Produktion (Voranschreiten der gesellschaftlichen Arbeitsteilung und Werkzeugproduktion, die sich gegenseitig beeinflussten), vermochte der Mensch sich der Natur bewusst gegenüber zu stellen und in ihre Prozesse einzugreifen. Das Tier nimmt die natürlichen Gegebenheiten seiner Umwelt hin, während der Mensch immer stärker dazu neigte, seine Umwelt im Interesse der Produktion umzuformen. Der Mensch verwirklicht sich durch die bewusste und planmäßige Umgestaltung seiner Umwelt, wobei er dies ohne Rücksicht auf andere Lebewesen und auch ohne Bedacht auf längerfristige Folgen destruktiv bewerkstelligte.

Der Mensch ist im Kontrast zum Tier in einer zweipoligen Determination gefangen. Zum einen ist er das Ergebnis einer natürlichen Entwicklung und somit auch den von der Natur vorgegebenen Grenzen unterworfen. Zum anderen ist er fähig mit Hilfe seines Bewusstseins die Welt nach seinen persönlichen Zielen zu verändern.

Erst durch diese evolutionäre und historische Entwicklung konnte sich beim Menschen das ich-identifizierende Bewusstsein bilden, welches sich nicht mehr als Teil vom Ganzen begreift, sondern sich als ein von der Welt getrenntes, abgrenzendes und dominierendes Element sieht und auch fühlt.

Durch seine intellektuelle Entwicklung hat er zum Teil einige

animalische Eigenschaften verloren. So haben sich seine instinkt-
haften, intuitiven Fähigkeiten arg reduziert. In diesem Sinne ist
er ein instinktarmes Wesen. Was ihm aber von seinem animalischen Erbe geblieben ist, ist seine grundlegende Triebhaftigkeit
und Bedürftigkeit.

Der Mensch benutzt seinen Intellekt meistens, um durch die
Befriedigung seiner animalischen Bedürfnisse emotionales Wohl-
gefühl zu empfinden. Darüber hinaus ist er sehr wohl mit Hilfe
seines Intellekts in der Lage, zum Teil die animalische Triebhaftigkeit zu sublimieren, was wiederum auch zu positivem emotionalen Erleben führt.

Wenn jedoch der Mensch in seinem Genussstreben bzw. in
seiner Genusssucht die animalische Ebene bedient, so ist dies
vielmehr einem inneren Spannungszustand geschuldet, der als
unerträglich angesehen wird und von daher durch emotionales
Wohlbefinden temporär narkotisiert werden muss und auch zeit-
weilig betäubt werden kann.

In diesem Sinne flieht der Mensch vor sich selber. Die Natur
dieses unerträglichen Spannungszustandes, der als dumpfe, ein-
same und minderwertige Leere im Hintergrund wahrgenommen
wird, ist die ich-identifizierende Alltagspersönlichkeit, welche
sich durch psychologische Absonderung vom Weltgeschehen aus-
zeichnet. Das ich-identifizierende Bewusstsein kann nichts anderes als das emotionale Grundempfinden der minderwertigen
Trennung erzeugen, denn es lebt von dieser bewusstseinsmäßigen
Absonderung.

Der Mensch fühlt sich einsam, weil er die Liebe in sich nicht
verwirklichen kann. Stattdessen ist er immer darauf angewiesen
die Liebe im Außen suchen, indem er um die Anerkennung anderer Menschen fleht und heischt. Diese von außen gegebene Liebe
hilft den Menschen sein Innerstes zu beruhigen, selbst wenn
diese illusionär, abhängigmachend und oft konflikthaft ist. Aber

die dominierende Alltagspersönlichkeit weiß sich nicht anders zu helfen, als auf die Mittel zurückzugreifen, welche sie in ihrem substanziellen pathologischen Bestand stützen.

In dieser Hinsicht ist die Alltagspersönlichkeit wie ein Schmerzpatient, der in der Einnahme von schmerzlindernden Drogen die einzige Lösung sieht.

Auch wenn der Mensch durch seine Alltagspersönlichkeit leidet, hält er dennoch an ihr fest. Er ist wie der Affe mit seiner Hand im Baumloch, die er nicht mehr herausziehen kann, weil seine Faust, die eine Frucht umschließt, zu groß für das Baumloch ist. Er kann oder will die Frucht nicht loslassen. (Nicht-Wollen und Nicht-Können fallen hierbei gleichermaßen zusammen.)

Vorläufiges Ziel jeglicher spiritueller Praxis ist, dieses Loslassen zu ermöglichen.

Die Tragödie des Ich

„Wenn Sie jegliches Ding, das Sie kennen, innerlich preisgeben, ein-
schließlich Ihrer Familie, Ihrer Erinnerungen, aller Ihrer Gefühle, dann
ist dieses Sterben eine Läuterung, ein verjüngender Prozess; dann bringt
der Tod Unschuld mit sich..." (Krishnamurti)

„Füttere mein Ego!" (Einstürzende Neubauten)

Das Trauerspiel des Ich besteht darin, dass es sich letztlich ständig als Verblendungszusammenhang reproduziert und von daher
seiner eigenen erschaffenden Täuschungswahrnehmung unter-
liegt. Die fälschliche Gleichsetzung ist bzw. erschafft diesen Verblendungszusammenhang. Die Ich-Anhaftung erzeugt ein Bild
davon, wie es sein will und präsentiert es nach außen.

Die Ich-Identifikation erkennt ihr Objekt der Identifikation
nicht als das, was es seinem wirklichen Wesen nach ist, nämlich
nichts anderes als ein erlerntes, vergängliches Konstrukt, welches
als Werkzeug der Lebensbewältigung eine gewisse Legitimation
besitzt.

Von der psychologischen und spirituellen Ebene aus gesehen ist
das Ego eine Anhäufung von Merkmalen, Charaktereigenschaf-
ten, Einstellungen, Fähigkeiten, über die ein Mensch verfügt.
Aber dementsprechend ändern sich Eigenschaften und Merkmale,
was nur deutlich macht, dass das Ich von seiner Anlage her selbst
dynamisch ist.

Das Ich ist letztlich kein statisches, monolithisches Konstrukt,
sondern vielmehr ein prozesshaftes Gebilde, welches sich durch
gedankenlose und halbbewusste Wahrnehmung seiner selbst, die
in sich schlummernden Tendenzen zur statischen Verhärtung
kultiviert. So ist das Ich eines heranwachsenden Jugendlichen noch

ein anderes als das des späteren Greises.

Die aufrechterhaltende Ego-Identifikation erfordert vom Menschen eine Menge an mentaler, seelischer und körperlicher Energie. Um seinem Ego zu frönen oder es zu verteidigen, nimmt der Mensch oft unglaubliche Mühen und Anstrengungen auf sich, die dann in ihren Ergebnissen das Ego in seiner scheinbaren, auserwählten Einmaligkeit bestätigen sollen.

Die Identifikation mit dem Ich führt dazu, dass der Mensch es mit Furcht und Zorn verteidigt. Dies generiert Kampf mit anderen Menschen, die es wiederum auch nicht ertragen können, dass das Bild, welches sie vor sich hertragen, von anderen Personen in Frage gestellt wird. Der Weg der Ego-Gleichsetzung ist immer der Weg des Kampfes, da es immer um innere Absetzung und Hervorhebung gegenüber der Welt geht. Anstatt zu denken „die Welt, die wir sind", denkt es „die Welt, in der ich lebe und kämpfe".

Darüberhinaus speist sich die Ich-Identifikation aus der Gleichsetzung mit den äußeren, der materiellen Welt zugehörigen Dingen (materielle Güter, soziales Ansehen, Beziehungen, Familie, Fähigkeiten, Gefühle, Sinnesgenüsse etc.), die alle dem Zyklus des Werdens und Vergehens unterworfen sind. Ein solches Vorgehen fördert nur die Furcht vor dem Verlustiggehen, die aber oft nur durch eine stärkere innere Anhaftung beantwortet wird oder mit einer neu-orientierenden Identifikation einhergeht. Das Ego füttert sich gewissermaßen selber.

Um den Trugschluss der an den Dingen anhaftenden Ich-Identifikation zu beenden, gilt es nur einzusehen, dass es nichts in der materiellen Welt gibt, woran wir uns klammern können. Es gilt die Haltung des Nicht-Haftens, nicht nur intellektuell, sondern vor allem intuitiv zu verinnerlichen.

Ein hilfreiche Übung, um diese geistige Qualität zu erlangen, ist die visualisierende, fließende Meditation über die Vergänglichkeit der Erscheinungen.

Gedanken, Ping und Ego

Beim Versuch, die aufkommenden Gedanken bei der Meditation zu vertreiben, stoßen wir regelmäßig an unsere Grenzen. Wenn man dieses „an Grenzen stoßen" jedoch auf den ständigen Gedankenstrom bezieht und das „an Grenzen stoßen" wortwörtlich nimmt, wird das ständige Aufflackern von Gedanken als Ego-bildend und Ego-erhaltend erkannt. Das Ego sendet mit den Gedanken so etwas wie Radarwellen aus, um sich ein Bild von der Welt, aber noch wichtiger: von sich selbst zu machen. Ohne Gedanken droht das schnelle Verblassen des Bildes, da keine „Radar-Wellen" mehr zurückgeworfen werden, wir fürchten uns aufzulösen oder die Grenze zwischen uns, der Umwelt und anderen Menschen zu verlieren.

Vergleichen wir unsere Gedanken mit dem lebenswichtigen Radar-Ping bei Fledermäusen, so erklärt sich die Angst des Egos, dass wir ohne Gedanken wie blind durch die Nacht taumeln würden, immer in Gefahr gegen den nächsten Baum oder die nächste Hauswand zu knallen.

Die Gedankenbilder liefern uns aber nicht nur ein Bild unserer Umwelt, sondern sie erschaffen durch die zurückkommenden „Strahlen" (Elementale und deren richtige oder auch falsche Interpretation) erst die vermeintlichen Grenzen unseres Ego. Da das Ego sich also im Grunde nur als Erfahrungs- und Interpretations-Hülle erklären lässt (hier passt auch schön der Vergleich mit dem Handschuh), ist es ständig bemüht, die inwendige Leere mit weiteren Gedanken, Gefühlen, Wünschen, Erwartungen usw. aufzufüllen, nicht zuletzt im Bestreben, dass die imaginäre Hülle nicht zu sehr zusammenfällt bzw. die Leere, Anstrengung und Vergeblichkeit des Egos von ihm selbst durchschaut wird.

Als perfektes Identifikationsobjekt dient dem Ego dabei der

materielle Körper, was bei den meisten Menschen soweit führt, dass Sie sich komplett mit Ihrem Körper als „Ich" identifizieren.

Jo-Jo-Effekt

Als Jo-Jo-Effekt bezeichnet man eine unerwünschte – insbesondere schnelle – Gewichtszunahme am Ende einer Reduktionsdiät. Das heißt das, was ich verringern will vermehrt sich nach Beendigung eines zeitlich befristeten Einwirkens.

Warum?

Gemeinhin geht es bei einer Reduktionsdiät nur darum, so schnell wie möglich eine gewisse Anzahl an Kilos zu verlieren, da die Alltagspersönlichkeit einem bestimmten Bild/einer Vorstellung entsprechen will, bzw. eine bestimmte Vorstellung von „Glück und Zufriedenheit" hat (Wenn ich erst 8 Kilo abgenommen habe bin ich selbstsicherer und fange an, dies und jenes zu tun. Und dann bin ich zufrieden mit meinem Leben."). Es geht also hier um das Erreichen eines Ergebnisses, und zwar ausschließlich in der Form, die der eigenen Vorstellung entspricht. Und genau da setzt man an, an der Form, der grobstofflichen Ebene. Da es nur um das Ergebnis geht (man nur an der Form hängt), sucht man sich die vielversprechendste Methode aus, um schnellst möglich dieses Ergebnis zu erreichen. Ohne zu bedenken, wie komplex die Dinge sind.

Man zieht also das Höhere nach unten, verändert lediglich seine Form, ohne die Komplexität mit ein zu beziehen. Da sich außer der Form nichts geändert hat, passt sie sich ganz schnell nach Absetzen der Diät wieder dem Bestehenden an. Der Karma-Weg bleibt schmerzhaft, der Körper wird wieder fett, die Alltagspersönlichkeit sagt weiter „...wenn....dann...".

Um Entwicklung zu unterstützen braucht es eine Ausrichtung, die Orientierung gibt auf dem Weg, auf dem man sich permanent befindet. Aus dem „wenn...dann..." wird das „jetzt". Das Höhere zieht das Untere nach oben.

Was habe ich mit dem L1 zu tun?

L1 ist der Punkt, an dem zwischen zwei Körpern, hier Sonne und Erde, alle sonst auftretenden Kräfte (Fliehkraft, Anziehungskraft) neutralisiert sind bzw. nicht wirken. L1 beschreibt eine relativ stabile Gleichgewichtslage, auf längere Sicht aber einen instabilen stabilen neutralen Beobachtungspunkt. Aufgrund der Größe der Körper von Sonne und Erde liegt der L1 näher an der Erde als an der Sonne. In der Astronomie nutzt man den L1 als Satellitenparkplätze zur Beobachtung der Sonne, da dieser Standort eine ununterbrochene Sonnenbeobachtung ohne Blickverlust durch die Erde oder den Erdschatten zulässt. Bezieht man diesen Sachverhalt aus der Astronomie auf die eigene spirituelle Entwicklung, kann man einige Aspekte und Analogien finden, die einem verhelfen, besser zu erkennen, wo man auf seinem spirituellen Entwicklungsweg ist.

Als Wahrheitsforscher bin ich verpflichtet, die wahre Natur von mir selbst zu erkennen. Dafür ist es notwendig, mich möglichst objektiv (also sinnvollerweise mit Abstand) zu sehen und zu forschen, wer oder was ich bin oder nicht bin, wo ich mir im Weg stehe, bzw. welche Anteile meiner Persönlichkeit (Ego, Alltagspersönlichkeit, „die Welt") ich mit dem verwechsle, das/der ich tatsächlich bin. Am Beginn meiner Entwicklung bin ich sehr stark der Erde („die Welt") verhaftet, was man als Analogie einerseits in Bezug auf die materielle Welt oder - auf die Person gemünzt - auf die Alltagspersönlichkeit bzw. das Ego beziehen kann. Die Sonne ist unser Fixstern, permanent da und versorgt uns mit Licht und Leben. Trotz ihrer Allmacht und Allgegenwart verkennen wir sie in der Bedeutsamkeit für uns, erfreuen uns an den Sonnenuntergängen oder ärgern uns, wenn sie „nicht scheint", aber wir beschäftigen uns häufig nicht sehr gezielt, welche allumfassende Bedeutung sie eigentlich für unser Leben auf der Erde hat. Ähnlich verhält es sich mit Gott, den wir, solange wir im Bannkreis des Materiellen (Erde) leben, unbewusst vielleicht erahnen oder auch (v)erwünschen, aber nicht in seiner tatsächlichen Allgegenwart und Bedeutung erkennen können. Insofern bietet es sich hier an, die Sonne als Analogie als das Tor zu Gott, die Annäherung an das eigene höhere Selbst und die Entwicklung hin zur bewussten Aufnahme in die spirituelle Gemeinschaft zu nehmen. Die Erde hält uns durch die auf ihr wirkende Anziehungskraft fest im Bann und verhindert, dass man sich von ihr einfach so löst. Mit wenig oder keinem Aufwand ist die Wahrscheinlichkeit also sehr hoch, der Erde verhaftet zu bleiben und uns nicht als etwas von ihr Unterschiedliches zu erkennen. Deswegen ist es gerade am Anfang der spirituellen Entwicklung nur mit sehr großer Mühe erkennbar, wie stark die Verhaftung an die materielle Welt ist und wie unfrei man von ihr tatsächlich ist.

Der erste Schritt, sich aus der Anziehungskraft lösen zu können, ist zu erkennen, wie sehr man tatsächlich der Erde, d. h. dem Materiellen, verhaftet ist. Sich dem L1 als idealen „Forscherpunkt" anzunähern, heißt auch zu erkennen, wie sehr man von ihm entfernt ist. Die diesbezüglichen Gefahren gestalten sich am Anfang als sehr vielfältig, die Wahrheit - oder die dem Entwicklungsstand adäquate Möglichkeit dazu -, immer wieder aus dem Blick zu verlieren. Insofern ist zu Beginn der bewussteren spirituellen Entwicklung der Aufwand sehr groß, diese Tatsache nicht immer wieder im „Alltagsgeschäft" zu verlieren. Wenn dies schon besser gelingt, liegt die Schwierigkeit vor allem darin, sich nicht von dem Abzuwenden, was man an sich oder als Sachverhalt bereits erkennen kann. Man hat Schwierigkeiten, etwas Kohärentes zwischen den Ängsten, Begierden und Trieben der eigenen Alltagspersönlichkeit zu erkennen.

Eine weitere Gefahr besteht darin, sich zu korrumpieren, wenn man sich selbst etwas besser erkennen kann oder eine Idee davon hat, was wirklich wichtig wäre. Oft korrumpiert man sich, indem man die Tatsachen verschleiert oder verleugnet, nur weil man ihnen gar nicht oder nur teilweise entspricht. Sich mit dem L1 auseinanderzusetzen, heißt sich überhaupt so maßgeblichen Fragen zu stellen, wie: Wo ich bin, wer ich bin oder wo ich hin will.

In Bezug auf die spirituelle Entwicklung erscheint es als logisch, dass man sich in verschiedenen Punkten sehr unterschiedlich dem L1 annähern kann, d. h. dass man dem L1 unterschiedlich nah sein kann, weil sich die Entwicklung in einzelnen Aspekten in unterschiedlicher Geschwindigkeit vollzieht. Sobald für einen Aspekt eine bestimmte Menge an Energie aufgewendet wurde, bewegt man sich relativ gesehen „freier" von irdischem (der Anziehungskraft der Erde) und die Fliehkraft nimmt zu. Also ist zu Beginn erstmal überdimensional viel Kraft vonnöten, um sich überhaupt lösen zu können. Sobald aber ein bestimmter Punkt dabei überschritten ist, nimmt die Kraft der Erde ab und die Fliehkraft von der Erde bzw. die Anziehungskraft der Sonne nimmt zu. Dazwischen befindet sich der Punkt L1. An diesem Punkt sich zu befinden, heißt schon einen weiten Weg zurückgelegt zu haben. Dieser Punkt verheißt Abstand und lädt wahrscheinlich auch zum Verweilen ein. Die Gefahr an diesem Punkt könnte sein, sich von diesem Punkt nicht lösen zu wollen, da er Sicherheit und relative Ruhe vor bisherigen Verhaftungen bietet. Die Gefahr könnte sein, den Absprung nicht zu schaffen, sich in der – nach bisherigen Maßstäben - bequemen Position einzurichten und deswegen doch wieder in den Bannkreis der Erde zurückzugelangen, wenn die Entwicklung nicht fortschreitet. L1 bedeutet im übertragenen Sinne, von Gefühlen und Gedanken, Konditionierungen und allem „materiellen" nicht mehr so gezogen zu werden, sondern sich mit Abstand betrachten zu können, um überhaupt zu bemerken, dass man nicht der/das ist, das zieht. Sich von der Erde zu lösen, den L1 sich anzunähern heißt auch, dass man in seiner Entwicklung mehr gezogen wird von der Inspiration und der Verbundenheit mit der Gemeinschaft, der man sich annähert.

Die Logien von Schwester Laterne

Jeder Bruder und jede Schwester sei den anderen eine Laterne. Das Lichtlein geschützt gegen den Wind, aber den Weg beleuchtend.

(aus den „Weisungen der Älteren")

1. Schwester Laterne sagt: Es steht geschrieben: „Die Wahrheit wird euch frei machen." [Joh 8,32] Das muss man aber erst einmal auf die richtige Weise verstehen, denn wenn du meinst, dass das, was du glaubst, die Wahrheit sei, dann macht das nicht frei, sondern setzt dich gefangen.

2. Schwester Laterne sagt: Der Unterschied zwischen heilig und heilend ist der gleiche wie der zwischen salzig und salzend – nur umgekehrt.

3. Schwester Laterne sagt: Schwerer zu überwinden als verletzend gewesen zu sein und nach außen zu gehen und sich bei Leuten zu entschuldigen, die man verletzt hat, ist es, die eigene Verletztheit zu überwinden.

4. Schwester Laterne sagt: Wir können langfristig nur das ernten, was wir säen, kurzfristig ist es möglich, sich durch Gnade und die Saatarbeit anderer am Ernten zu beteiligen.

5. Schwester Laterne sagt: **Zwei** Augen geben dem Gehirn Tiefenschärfe. Das **Dritte** löst die Dualität auf. Wir nennen dies auch erstes und zweites Erwachen.

6. Schwester Laterne sagt: Versöhnung kommt von Sohn... und von Sühne.

7. Schwester Laterne sagt: Das Gehirn ist nicht multitasking-fähig. Die höhere Wahrnehmung eigentlich auch nicht, aber unterschwellig schon, da sie ja ganze Felder, Ebenen oder Räume überblickt. Die in der Alltagspersönlichkeit vorherrschenden Äußerlichkeiten sind irreführend und bedeuten im Grunde nur,

dass unsere Aufmerksamkeit weder intellektuell noch spirituell fokussiert ist.

8. Schwester Laterne sagt: Wenn du sagst, dass man immer den mittleren Weg gehen sollte, aber andererseits behauptest, dass du bestimmte Dinge in bestimmten Zusammenhängen **nicht** tun kannst, dann muss man fragen dürfen, was der Mittelweg zwischen Tun und Nichttun ist.

9. Schwester Laterne sagt: Wenn wir uns weiterentwickeln stellen wir manchmal fest, dass wir quasi **noch** einen Koffer an der letzten Station stehen haben. Deshalb müssen wir zurück und ihn holen. Wenn wir ihn geholt haben und wieder an unserem „entwickelteren Punkt" ankommen, versetzt uns der Inhalt oft in die Lage (und die Verlegenheit) zu bemerken, dass wir **noch** einen Koffer vergessen haben...

10. Schwester Laterne sagt: Manchmal klammern wir uns an ein eisernes Lenkrad und versuchen so die Kontrolle zu behalten, aber wir merken nicht, dass wir im Wasser sind und schwimmen müssen. Da ist ein schweres, eisernes Lenkrad noch störender, als die Tatsache an sich, dass wir nicht bemerken im Wasser zu sein.

11. Schwester Laterne fragt: Was ist schlimmer: ein irrender Ideologe oder ein ideologisierender Irrer?

12. Schwester Laterne sagt: Den Karmapfad beschreiten ist der Weg der Evolution. Den spirituellen Pfad beschreiten ist der Weg der Revolution.

13. Schwester Laterne sagt: Einen **Ein**blick haben bedeutet, nicht mehr dual auf die Welt zu blicken. Da ist unter den Blinden der **Ein**äugige König. Der Einäugige hat nicht ein Auge verloren sondern das Dritte geöffnet.

14. Schwester Laterne sagt: Wichtig ist eher, wie ihr es tut, als was ihr tut.

15. Schwester Laterne sagt: Die Aufgabe ist das Sichtbar-Machen der Frucht und das Fruchtbar-Machen der Sicht.

16. Schwester Laterne sagt: Der Schutzengel ist eine Verkörperung der 95%-Regel.

17. Schwester Laterne sagt: Die Alltagspersönlichkeit ist wie ein aufgewühltes, trübes Glas Wasser. Durch die Beruhigung (spirituelle Praxis) gelingt es uns, das Aufwühlende zu beenden, so dass schließlich alle trübenden Stoffe zu Boden sinken. Das Wasser wird klar und das höhere Selbst kann ungehindert durch die Alltagspersönlichkeit hindurchstrahlen.

18. Schwester Laterne sagt: „Seid fruchtbar und mehret euch" bezieht sich nicht auf die Fortpflanzung, sondern auf den geistig-spirituellen Zustand und Prozess.

19. Schwester Laterne sagt: In einem Streit **Ein**sicht zeigen heißt, die relative Berechtigung beider Standpunkte erkennen.

20. Schwester Laterne sagt: Religionen sind die Anpassungen der Spiritualität an die Welt.

21. Schwester Laterne fragt: Wenn Karma nur durch Absicht entsteht, ist dann Nicht-Wissen-Wollen eine geschickte Strategie im Umgang mit Schuld?

22. Schwester Laterne sagt: Um**sonst** bedeutet, du musst zwar kein Geld geben, aber du zahlst auf andere Weise durch **Sonstiges**.

23. Schwester Laterne sagt: Trinke **aus** dem Strom, aber dann schwimme **gegen** ihn, sonst kommst Du nicht zur Quelle!